心靈探索 16

睡前的冥想

A Must for Contemplation Before Sleep

原著⊙奧修大師 **(Master OSHO)**
翻譯⊙張嘉莉

深深地潛入內在的世界，你將會在那發現光，那個我們生命本身的光，那個形成我們、以及形成這整個宇宙的原素的光。

一月：做一個航向意識之海的哥倫布

二月：說「是」

三月：從黑暗跳到光明

四月：靜心是火

五月：與生命嬉戲

六月：你是浩瀚無垠的天空

七月：心是靈魂的伊甸園

八月：百分之百地生活

九月：跳著你的舞迎向神

十月：你可以選擇痛苦或是喜樂

十一月：死亡以待重生

十二月：人類不盡然要在地球上摸索著前進、爬行

前言

這本書可用來單獨閱讀，或是與《清晨的冥想》配合。它是節錄自一位成道的神父，奧修，對他的門徒和其他求道者的談話所集結而成的。以睡前的冥想做為一天的收尾方式，可算是再完美也不過了。

據說，一個人在入睡前，他腦海中最後一個思想將會是他醒來的第一個思想。我們之中大部分的人也許是腦海裡塞滿了電視的情節與影像而入睡，或是在擔心白天發生過的事情，以及為即將來臨的一天而焦慮不安，甚至有好些人根本就是難以入睡。

在本書中所節錄的篇章是特地為夜晚的時間而挑選的。在《清晨的冥想》這本書裡的篇章有的是昂揚的，有的是充滿朝氣的，有的是非常精闢入裡的——其作用都是在鼓勵我們淋漓盡致地，毫不保留地加入即將來臨的一天。相反地，這一本奧修的話的選集中，重點是在於提醒讀者放鬆、融入，放開來、擴展開來的重要性。

這本書穿插著奧修本人的照片，以及關於奧修和他的門徒，社區裡的訪客、求道者在靜心、加入團體治療，或是參與社區工作的照片。我們並將它分成十二個月，每個月三十一天。「一月」並不必然意味著日曆上的一月份，而是指你們開始閱讀的第一個月。文章段落的設計風格在於可以隨意地瀏覽，而不一定要連貫地閱讀下去，就如同奧修對生命的了解也是一天一天地被呈現出來般，而晚上的文章則是延續白天的選文下來的。有一個特別的方法可以使用本書。因爲它原本就不是要被當做是一本小說去閱讀，而是散置的、段落式的文章。它不是要提供讀者一頓大餐去消化，而是一道飯後的甜點，以圓滿地結束一整天的活動。奧修說這些話的原意也不是要人們同意或是不同意，討論或是分析。奧修甚至說過去記住他的話是不必要的：「如果我說的話對你而言成爲生活中眞實發生的事情時，誰在乎你是不是記住我的話？不去記住這些話是完全正確的，記住任何一句話都會成爲障礙。只要讓它們純粹的意義散佈在你存在的最核心中，在那話語將無可容身之處，在那將只有沒有話語的意義能夠進入。」

事實上，讀他的話比較像是在聽音樂，而不是在做任何心智的活動。聽音樂——或是品嚐紅酒：小啜一口，細細地吸入酒的香氣，讓它的氣味搔動你對靈性美食的熱愛。

瑪・貝蜜・瑪尼夏

印度・普那

目錄

一月　做一個航向意識之海的哥倫布

1號

世界正承受著巨大的痛苦，因爲在人類意識的歷史中，這是頭一次，人完全失去與存在最後的一絲聯繫。沒有人曾經像我們一樣地痛苦。人將在過去一直是很貧窮、非常的貧窮，人類曾經挨餓受凍過，但人類從未在靈性上如此地貧窮過。人類從未像今日般在靈性如許地挨餓受凍過。我們的整個工作是要還給你對於存在的瞥見。除非人類再度根植於存在之中，否則人類將沒有未來可言。

2號

人有潛力成爲一支愛之歌、愛之舞，但却非常少人，非常難得看見有人將他們的潛力具現。他們以一顆種子的狀態被誕生，並幾乎全都以種子的狀態而死，他們的一生不過是一個長久而徒勞無功的實驗。

我觀察到的是，人們只是出於恐懼，而非出於愛上教堂，或到廟裡、到修道院去。所以，愈是上年紀的人就會走得愈勤，因爲他們比較容易害怕死亡。他們到教會或是寺廟去，並不是因爲他們已經知道了什麼是生命的無價之寶，而是因爲生命正在溜出他們的手掌心，死亡的龐大陰影正在愈來愈接近，而他們在害怕。他們想要找某個人保護他們。

現在，他們知道錢將不會跟他們在一起，朋友將不會跟他們在一起，而家人也將離開他們。出於全然的絕望，他們開始緊抓著神存在的想法，這不是出於愛、也不是出於感激。而一個誕生自恐懼的神是一個虛假的神。

我在此的整個努力是要打開通往存在的大門，使你們不是出於恐懼而去找尋神，使你們能夠歷經過美、歷經過創造力、歷經過愛。當一個人歷經過這些經驗時，那些接觸具有無可言喻的蛻變力量。只要一個活生生的、與存在的接觸便已足夠——你將絕不再是同一個人。

3號

人只有透過很大的挑戰才會變得整合，他生命的能量才會結晶起來。記得這一點，絕對不要將宗教與恐懼聯想在一起，而要將它與無懼與勇氣聯想在一起，那是一份無比的勇氣，它能夠幫助你走進沒有地圖的海洋。

這就像是駕著一輛小船，而不帶任何地圖地走向狂風大浪的海洋，你對彼岸一無所知。你就像哥倫布一樣——純粹只是一個假設：這個地球是圓的，並懷著一份期望：自己將會到達某個地方。人必須做一個航向意識之海的哥倫布。

4號

我對你們的建議是：從找尋愛開始，而不要直接找尋神。因爲如果你直接從找尋神開始，你的神將只會是一個想像物。它會是一個印度教的神，或是回教的神，或是基督教的神……它不會是一個眞正的神。

尋找愛，因爲關於愛，有一個不會發生在神身上，很美的一點是：愛既不是基督教，也不是印度教，也不是回教……愛就是愛，不會附加任何的名詞。

那是發生在愛上面非常優美的一件事。如果人類開始找尋愛而非神時，我們能夠輕易的創造出一個四海一家的世界。

5號

當「神」這個字從你嘴巴說出口時，它似乎是一件非常非常遙遠的事情。那就是世世代代以來流傳在人們嘴巴上的神——神高高在上，在非常、非常遙遠的天空裡。但當愛從你嘴吧裡說出口時，它非常貼近你的心。所有那些教士都很狡猾而工於心計。他們一直試圖要證明神非常的遙遠，因爲如果神是遙遠的，那麼就只有他們才能做神的代言人、代理者。當你使用「神」這個字時，它給你一種神是某個人的感覺。神變成有限的，被定義的。但愛不是一個人，它是一種品質、一種存在的狀態、一種芬芳，而不是一個物質——它比較沒有受到限制、比較沒有束縛、比較無限。當你說「神」的時候，你只會感到非常的無力——「你對神又能怎麼辦？」——但如果是愛的話，你對它可以做一些事情。成爲充滿著愛的人是你最內在的本性，因此，我的整個教導是圍繞在「愛」這個字上面。耶穌說：「上帝是愛。」而我要說：「愛是上帝。」

6號

一個具有愛的人知道如何完整的生活，因爲他會全然地生活。他的體內充滿著愛，他身體的細胞在愛之中舞動著，他的腦海裡充滿著愛——不是充滿邏輯，而是充滿著愛。他的心充滿著愛——他的心不只是一個潔淨身體的系統，不只是一個呼吸的工具；他將愛吸進來，而將愛呼出去。他的靈魂本體不過就是純粹的愛，一片愛的汪洋。

這樣的人必定會找到存在。存在怎麼可能逃得過他的眼睛呢？而且事實上，這樣的人也不需要去找尋存在，存在會來找他。而那就是美之所在：存在過來找尋、追求你。

7號

不需要對象地去愛。愛這整個存在，這個眞實的世界。樹木、山和人並非眞的有所不同。我們全都加入彼此，我們存在於一個深深的和諧之中。我們一直在吸入氧氣，呼出二氧化碳。而樹木一直在吸入二氧化碳，呼出氧氣。沒有樹木，我們將無法存在。我們連接在一起，我們互相穿透進入彼此。整個存在就是如此連繫在一起的。所以，不需要對象地去愛——樹、星星、山、人、動物。重點不在於你愛的什麼，重點在於你在愛。

8號

人的健全完整寓於存在。如果我們根植於存在之中，我們的身、心、靈就會是和諧的。如果我們活著而失去存在，就等於雖是活著却失去根，失去養分。

存在包含了這個地球，我們的本性，我們健全的心靈。而生命的全貌不過是一種探索——探索我們健全之心靈的來源。

9號

存在只能在全然的臣服中爲我們所接觸。比那更少都不行。就如同水在攝氏一百度時會蒸發一樣。只有在全然的臣服中，當你只是一個純然的空間時，自我才會蒸發。那時沒有人在裡面。有一份廣大的寧靜，它是無邊無際，沒有限制的，但沒有人在那裡。在那一刻中，整片天空降臨在你身上，地球和天空相會，那時你從一個必將腐朽的存在蛻變成一個不朽的靈魂。

10號

人必須跳脫出他的意志，好讓他能夠變成神聖意志的一部分。人必須拋棄他自己的意志，它是整個問題所在，一旦我們的意志溶解，存在便會開始透過我們而運作。那時就不會有痛苦，不會有焦慮。這個人將全然的放鬆，沒有任何的問題。

所有的問題之所以會升起是因爲你的意志，意志意味的是與整體抗爭。它是一種掙扎、奮鬥，而奮鬥必定會帶來緊張。而且你注定會失敗，因爲，無論人怎麼樣抗爭，他在心裡面，在內在的某個深處永遠都知道這是徒勞無益的，當人違背整體時，他不可能成功。

只有當人跟隨整體，而不是違背整體時，他才會成功。每當你臣服、交托出你的意志時，一切都是你的。頓時間，整個宇宙爲你打開它的大門。對你而言所有的奧祕俯拾即是。所有的祕密，所有的鑰匙都被交在你的手上。矛盾的是，在你將意志交託出來之時，你變成一個主人。而當你保有意志並爲它抗爭之時，你將會保持是一個奴隸。

11號

人們很強硬。生活要他們預備好成爲強硬的，因爲生活要他們準備好去鬥爭。慢慢地，他們的內在失去所有的柔軟，他們變成如石頭一般。而一個石頭般的人是一個死的人。他只有名義上是活著的，他不是眞正活生生的。眞正的生命是由柔軟、脆弱、敞開的品質所組成的。不必害怕這整個存在！存在照顧你、愛你。沒有必要與存在抗爭。存在隨時都準備好給予你所能要求的，或是你所能想像的更多。但存在唯有當你是柔軟的、脆弱的時候，才能給予你。如果你是敞開的，那麼它就能夠從任何一個地方進入你。成爲敞開的，讓存在能夠觸及到你，不必害怕。沒有必要害怕。這是我們的存在，我們歸屬於它，而它歸屬於我們。

12號

宗教現在必須成爲眞的宗教。已經太夠了！我們已經與假的宗教住在一起太久了。生命是眞的，愛是眞的，當你與生命掉入愛河中時，生命成爲你的整個存在。而膜拜生命的唯一方式就是去歌唱、去跳舞、去開花，成爲具有創造性的，爲這個慶祝本身貢獻出某些東西，爲這個偉大的慶典貢獻出某些東西，這個偉大的嘉年華會持續不斷地在進行。星星在舞動，樹木在舞動，而大海也在舞動。

我的門徒必須成爲這個海洋、樹木、白雲以及星星的部分，這是我的廟宇——我不相信其他任何廟宇，我不信仰任何神明，這是我的經驗，而我想要與我的人分享之。

成爲一個門徒僅僅意味著，現在你已走進一個慶祝的向度。這是一個對春天的邀請，春天的脚步業已漸漸來臨。

13號

尼采說：「上帝已死。」但沒有人問過他：「是誰殺死他的？」只有兩個可能性：他若不是自殺就是被謀殺的。而上帝不可能會自殺，那是絕對不可能的事。因爲上帝意味著喜樂。喜樂爲什麼要自殺？上帝意味著眞理。眞理怎麼會自殺？上帝實際上意味著永恆本身，因此自殺是不可能的事。他一定是被謀殺的。是教士將他殺死的。所有宗教的所有教士都是這個龐大陰謀的一分子。他們已經將上帝害死。他們當然無法殺死眞正的上帝，但他們可以殺死他們自己創造的神。由於在宗教之名下具有千萬年愚蠢的歷史，因此我的建議是：找尋愛、完全忘掉有關神的事。此後神性將會自行到來，它是必定會到來的，這是無可避免的結果。

14號

身體會被出生，爾後身體死亡；思維會被出生，爾後思維死亡。但你既不是身體也不是思維。你是某種超越這兩者的意識，意識也從未被出生，也從未死亡。你過去一直都在此地，未來也都將在此地。

當人開始感覺到這個現象時，他對生命的整個視野亦將隨之改觀，過去對他重要的事情將會變得不重要：金錢、權力、地位以及所有這一類的事物。

過去對他而言並不重要的事情會突然開始具有深遠的重要性：愛、慈悲、靜心、祈禱、神性。

記得：在你的內在，有某個東西，他是永恆的。

15號

耶穌說神的王國就在你裡面。那是所有悟道者最基本的一個教導：不必走到任何地方去，不要在你的外在找尋，並且追求，你無法在那裡找到任何東西。在那你將會保持空虛，不滿足，充滿挫折感，因為眞正的王國，眞正的富足都在你內在的領域，你的主體性，你的靈魂的一部分。一般人是外向的，如果你以恰好相反的方向去看就是內向的。我並非是在反對世界，但不知道自己是非常危險的。當你知道自己以後，就可以遊歷全世界去分享你的喜悅、並活在你的喜悅當中，沒有問題。如果你根植於自己的存在之中，那麼你要多麼外向就可以多麼外向，沒有任何的事情能夠傷害到你。你可以生活在市場中，但你的靜心將會維持不受打擾。

但在一開始時，最首要的工作是要安頓在你的內在，好讓你熟悉於自己內在的眞實世界。我的整個努力是要讓你反轉回自身，以各種可能的方式去幫助你向內走。我無法給你眞理，沒有人可以給你。但我可以指示你這個王國是在哪被找到的。它不是在月亮上被找到的，它不是在聖母峰上被找到的，它正是在你的內在被找到的。

學習閉上你的眼睛並向內看。

16號

所有這一切的一切都是神聖的，事實上，神並不存在，只有神性存在，神不是一個人，而是一種品質，神不是一個人、而是一個在。

將神視爲一個人的觀念是擬人化的：我們以自己的形象去創造出那個形象。他不過是投射出來的人類，不是眞正的神。佛陀因爲這個原因而對神保持沉默，他談論神性但從不談論神。

我自己的經驗也是一模一樣：沒有神存在，但有神性存在。整個存在流溢著神性，在神和這個世界之中沒有分隔存在，存在是神性的。

開始從這個洞見去看存在，以這種眼睛去看，爾後你將會大吃一驚，因爲你將會開始看到以前從未看到的東西。你過去每天一直都在與同樣的東西擦身而過；同樣的鳥、同樣的樹以及同樣的人。而一旦你擁有這個洞見時，你開始在一個新的光之下看事情，那時一切都是神聖的，世界對你而言不再是一個困擾，不再是一個問題，不再是一個難題，這個世界不是一個需要被解決的難題，而是一個需要活過的奧祕。

*17*號

神性是我們的本質、我們的存在本身。它不是某種外在於我們的東西，它是我們最內在的核心，我們內在的領土。我們並非是在找尋和追求它。只要記住這一點：我們已經忘記它了。我們的神性並沒有被失去，我們只不過是已經忘掉自己是什麼了。

18號

人有能力成爲存在的主人，存在的家。而且，除非一個人成爲存在的主人和家，否則他會永遠是不滿足的。如果人不允許存在進入，那麼他將會永遠處在極度的挫折之中。當存在進入我們本性中的那一刻，我們變成存在。

那是我們最終的命運，帶著這個滿足感，到家的喜悅於焉升起。

19號

我們非常接近存在，但我們一直像一條平行線般地從未交會過。一旦我們停止走入過去和未來時，這條平行線就會開始向存在靠得愈來愈近。有一天，只有一條線存在：兩條線的存在狀態業已消失。那些無限喜樂、無限恩寵的一刻。那就是每一個人在找尋、渴望的。人們因爲一直與它擦身而過，而變得苦不堪言。將你自己準備好。唯一要將你自己準備好的方式就是活在當下這一刻中，而後你將會成爲存在的家。那就是生命的完成。

20號

存在是我們唯一的保障，金錢、權利、地位——沒有任何事情是確定的。家庭、朋友、甚至生命本身——沒有任何事情是確定的。我們被不確定所包圍。

只有有一個東西是確定的。而那一個東西無法在外在任何地方被找到。那一個東西只能在我們最內在的核心中被找到。神棲居在那。那是神的棲身之所——你內心的心中。

知道內在的神就是超越所有的保障、確定。那時，每一件事情都是安全而確定的。當每一件事情都是安全而確定之時，痛苦自然消失，焦慮不安自然消失，無窮的祝福升起，那個祝福是你本性最深的渴望。

21號

勝利是透過知道那個奧祕而來的。只有一個奧祕值得去知道，那就是你身上最內在的自己。那是最祕密的地點，人們不斷地到遠方去旅行；那並不難。人類已經抵達月球那太容易了。

但要抵達人自己的中心點卻非常的難，那是奧祕中的奧祕，有一支能夠打開所有奧祕的萬能鑰匙就潛藏在那。成為一個門徒是在進入一條自我發現之道，它已經在那，我們只是必須去發現它。只有一些不必要的東西必須被移開，帷幕必須被打開，而後頓時間，我們會與神本身面對面。這個奧祕是，我們是神，而痛苦的發生在於我們已經變成乞丐了。

22號

第一件要記得的事情是，我們被賦予生命，它不是我們達成的。事實上，我們根本就不值得得到這份禮物，這是存在中非常奇怪的一個法則，那些值得擁有生命的人——佛陀、基督——從生命中消失不見，而那些不值得擁有生命的人，卻繼續一再地得到生命。一旦擁有資格時，你已準備好消失進入永恆。如果你沒有資格，那麼你將必須再度回來。

第二件要記得的事情是，靈性的力量。那也不是某種屬於你的東西，那是神持續不斷地流經過你。你每一分、每一秒都在呼吸神，當然了，你是無意識地在這樣做。當你變得對此有意識時，你將會大吃一驚。我們吃下神、呼吸神——除了神以外沒有其他任何東西。他是我們的食物，他是我們的根，他是我們的枝葉、花朵、果實。他是一切，而我們什麼都不是。

23號

生命中最困難的一件事情是去接受禮物，因爲這違反自我。給予比較容易，常容易去給予。但是去接受是非常困難的，尤其是當你不值得接受這份禮物時——那時事情會變得更加困難。而且我們並不值得如此——我們還未去掙得它。我們沒有資格享有喜樂，但存在却一直在給予，並不是因爲我們値得如此，而是因爲落在擁有如許充盈的喜樂。當你接受他的喜樂時，他感激你。你幫他卸除一些負擔，你已經從他的存在裡帶走一些重量。但記住：要接受一份禮物是非常困難的。那感覺起來像是一種屈辱。人會感到有點尷尬，門徒必須學習如何在無比的喜悅和慶祝當中去接受禮物，因爲你變得愈具接受性，就會有愈多被贈予給你。如果你具有全然的接受性，就在那一刻，整個天堂降臨在你的存在，就在此時此地。所有在你的部分需要做的就是絕對的敞開和願意。

24號

世代以來，所有的師父都曾經宣揚過，每個人都做爲一個神聖的國王而誕生在這世界上，但人却完全對這個事實不知不覺。不知道我們自己內在的世界，就會對自己的王國不知不覺，由於我們對這個一直都屬於我們的王國不知不覺，所以我們才會一直在慾求一些小東西，乞求一些小東西。

我們一直在做夢，以爲自己是個乞丐。當人覺醒時，他將會大吃一驚：他發現自己原來不是一個乞丐，而是一個國王。

那就是靜心的整個目的所在——使你覺知到你的王國，使你覺知到你最大的潛力。一旦你開始變得有覺知時，那麼這個旅程就不難了。只要有一點的覺醒，那時你的沉睡就快要消失，而後事情將會變得比較容易。但是，除非你是覺醒的，否則，這個王國將不可能是一個事實，它不可能爲你所體悟到。

*25*號

一旦你有覺知時，你會開始找尋和探求第二次的誕生。而第二次的誕生只有透過靜心才會有可能發生。第一次的誕生是透過母親、第二次的誕生是透過靜心；因此在古老的經典中，靜心被稱作是眞正的母親。

耶穌對他的門徒說：「除非你再度被誕生出來，否則你將無法進入神的王國。」在東方，那個達到神的人被稱作是迪吉（dwij），出生過二次的人。第二度的誕生釋放出這個人存在的芬芳。

26號

西方的冥想不過是一種思考的方式。去思考比較高的存在狀態被稱作是冥想。當你思考神、你思考基督、你思考愛時，這被稱作是冥想。

在東方，思考根本就不是靜心。你是在思考神或是錢並不重要。在靜心中對任何的客體的思考都是一種干擾。在東方，靜心意味著一種沒有思想的狀態，只是純粹的存在。而那是生命中最偉大的經驗——當你只是存在、而沒有任何的思想經過你，整個交通停止，思維消失。但意識仍然在那裡，而且是比以往更有過之而無不及，因爲任何被隱藏在思考背後的東西都不再被隱藏住了。任何被涉入在思考中的能量都不被涉入了。所有的能量都被釋放而出。這個人成爲一個純粹的能量之池，池中如許的寧靜，甚至沒有一絲的微波升起。

在那個寧靜的意識之池、能量之池中，存在就被反映出來了，我們終於知道那本來就存在的實物，神就是那個本來就存在之實相的另外一個名字。

27號

經驗神性唯一要做的準備就是得將思維放在一邊。那就是何謂的靜心——是一個去停止這個持續不斷地在嘮叨的思維的設計，這個一直毫無理由地在繼繼的、瘋狂的頭腦。其實根本沒有任何的正事要做，但它卻一直在忙東忙西。我不是在說你必須將頭腦摧毀掉；你只是必須將它放在一邊，而後當你需要他時，你便能夠使用它。它就好像是你的車，被你停在車庫中。當你想要用車時，你可以將它開出車庫外面，如此一來，你就是它的主人。

但通常我們看到的情況却恰好是相反：這部車堅持不進車庫裡面，這部車說：「我不想要停下來。」這部車說：「你必須跟著我跑。」而後它就一直在跑，一天二十四小時不停的跑，即使當你睡著時，頭腦也還在繼續著。通常來說，一旦頭腦從童年時代開始啓動，以後就再也不會停止，直到死亡的那一天。除非是有某個人開始進入靜心之中。對那些少數人而言，他們進入靜心，而後頭腦開始停止之時，他們會頓時意識到隱藏在思維之雲後面的太陽，那個對最終的光，最終的太陽的覺知，就被稱作是神聖的知識。

28號

我們一直在聽從外在的話語，因此我們一直錯過了內在的聲音。它是來自你最內在核心的語言。我們活在生命的外圍部分，我們活在思維之中，而思維的聲音是如此的吵雜，它不准許我們聽到自己內在的、平靜的、微弱的聲音，師父的存在之所以必要是因爲他可以做爲一種設計被使用。因爲你只會聽到外界的聲音，而師父會從外界對你說那些存在在幾世紀以來一直試著要從內在告訴你的話。

和師父在一起，爲的只是要將你自己準備好，好讓你有一天能夠閉上眼睛反轉回自身，並向內看，好讓你能夠聽到你自己的直覺一直在告訴你的事情。直覺總是對的。思維也許會對，也許會錯，永遠都是「也許」，懷疑一直在持續，你對它揮之不去。但直覺沒有任何的懷疑，它就是知道。直覺性的人從來不會後悔，因爲他絕不會做出任何的錯事，他不可能會。他不過是在跟隨他內在的整體的聲音。

29號

你不是身體，也不是思維，你是所有這些事物的觀照者。除非一個人愈來愈在觀照中成長，否則他將不會知道自己的靈魂。

唯有當你看得到時，你才會意識到眼睛的存在，如果你一直把眼睛閉上，那時你將會完全忘掉眼睛的存在。如果一個孩子從未被允許去使用他的腿的話，那麼他將會完全忘掉自己的腿。

我們是藉著使用某些能力才會覺知到它的存在。藉著看，我們變得覺知到我們原來有眼睛。藉著聽，我們變得覺知到我們原來有耳朵。藉著聞，我們變得覺知到我們原來有一個鼻子。一模一樣的情形，藉著觀照，人才會變得覺知到原來他有一個靈魂。

觀照是靈魂的功能。那一直是人們在東方的探尋：如何成爲全部一切的觀照著，只是一個觀看者，一個不帶任何認同、純粹的觀看者。你就只是看著身體以及頭腦，以及他們所有的功能、行爲以及移動，你僅只是一個站在路邊的觀看者——看著路上持續不斷的交通。你不是在路上跑的轎車，也不是大卡車，也不是巴士，也不是行人，也不是牛車——你不是任何人。你只是一個站在路旁的觀看者。那就是何謂的靜心：你看到你這個身體——頭腦的綜合體，而沒有陷入對它的認同中。那時很快地，你將會經驗一個全新的現象：存在的靈魂。那就是我在此的整個工作：讓你覺知到你是神，以及神性，你是永恆的存在。

30號

什麼是勇氣？它最重要的一個定義是：捨棄我們所熟悉的、已知的事物能力，因爲那就是思維的組成物——我們熟悉的、已經知道的事物，我們的過去。從你丟棄過去的那一刻起，你同時也就是在對一個無限的可能性敞開。但人類害怕成爲如此的敞開，人們在那個廣濶的空間中會覺得迷失。

頭腦是一個很小的東西，它讓你覺得很安全、舒適。它像是一座黃金打造的籠子。它的確是很漂亮，你可以將它裝飾得很漂亮——每一個人都在試著裝飾自己的頭腦。那就是我們的教育在教的：如何裝飾這個黃金的籠子，讓它變得如此之美，以至於你幾乎不可能離開它。你開始抓著它不放。你忘掉自己身上的翅膀，忘掉整片天空是一個挑戰，你必須飛向群星，在你眼前有一個漫長遙遠的旅程。

因此，我對勇氣的定義是不顧一切的恐懼、一切的不安全感所造成的阻礙，而丟棄頭腦這個黃金鳥籠並進入未知的勇氣。只有擁有那個品質的人才是宗教的人。

31號

生命是神的同義複詞。神不是生命的創造者，而是生命本身；他與生命沒有須臾的分離。創世者這個概念本身就是錯誤的。他不是像一個畫家一樣，因爲畫家是與畫本身分離的。他比較像是一個舞蹈家，他和舞合而爲一。因此，要崇拜神，人不需要到廟裡、到清眞寺裡。生命本身就已經太夠了。這整個地球，這整個存在就充滿著神，流溢著神，他是樹的翠綠，花的鮮紅以及閃耀的光。他遍及這整個地方，你不可能躲開他。我們每一分、每一刻都和神不期而遇。

我們會一直錯過神是因爲我們對他懷有某些概念，懷有某些觀念，認爲他是遠在西方極樂世界裡，遙不可及的人，因此我們才會一直在錯過他。拋棄那個愚蠢的概念，而後你將會發現他就無處不在。他非常的貼近我們。

有一次，拉瑪克里虛那被問及：「神在哪裡？」他說：「請你告訴我他不在那裡。我一直在找尋他不存在的地方，而我失敗了。我還找不到一個他不存在的地方。」

二月
說「是」

1號

人們在受苦，因爲他們已經決定要將存在抗拒於外，從這一刻開始，不要再抗拒了。放鬆，處在一種放開來的狀態中。讓存在接管你的整個人生，那時，你的生命將會有一種全然不同的味道。那時喜樂將會如同呼吸般的自然。

2號

所有的東西都是一份來自存在的禮物。我們不值得擁有任何東西，我們沒有資格擁有。存在給予我們生命，以及愛的能力，找到眞理的能力——其原因不在於我們值得存在如此的對待，不在於我們有資格享有這一切，而是因爲存在擁有太多。

存在就好像一朵載滿著雨滴的雲：它必須灑落。我們之所以能夠領受這一切是出於他的充裕，就好像一朵擁有無窮無盡之香氣的花朵一般——它的香氣必定會被釋放到風中。就好像光一般——它沒有開始、也沒有結束。存在的喜樂必須分享出來，否則，那些喜樂會變成一種負擔。

3號

喜樂不是某種在未來發生的事情，它已經就在這了。但是我們已經變得和它銜接不上。它仍然像一股暗流般地存在於此，但你已經忘掉如何讓自己與喜樂銜接上。你已經拔掉與存在之間的插頭——我在這的整個工作是要將你再度銜接進一條充滿著喜悅、平和、喜樂、愛、和諧的暗流之中。靜心只是一種將你重新與存在銜接起來的方法，靜心給你一些要如何抵達你自己的本性的概念。

4號

生命是一份禮物，出生是一份禮物，愛是一份禮物，死亡是一份禮物。如果我們知道如何欣賞事物的價值，一切都是一份禮物。如果我們不知道如何欣賞萬事萬物的價值所在，那時，我們的生命中除了持續不斷的抱怨以外，將不會有其他東西。

世界上只有兩種人：那些知道如何欣賞事情本然的美，那些到來並發生在他們身上的事情的美。以及那些無法欣賞事情美感的人，他們總是在抱怨、責怪別人，需索無度。只有第一類的人才會成為宗教之人，第二類的人不可能成為宗教之人。第二類的人遲早必定會否認神的存在，因為神變成一個沒有滿足你的欲望的敵人。就是這些人創造出這句格言：聽天由命。

這句格言是被非宗教之人所創造出來的，他們總是在對人生感到挫折、無力，無論發生什麼事都是錯的。生命從未達到過他們的標準，從未滿足過他們的需求，從未使他們滿意過。生命總是落在他們的目標之後。他們活在受苦之中，因為他們總有一種怨恨、不滿，好像他們被剝奪某些權利般。如此一來，他們怎麼可能感到感激呢？而沒有感激，就不會有祈禱，沒有祈禱，就不會有宗教。

5號

祈禱是為這所有的一切讚美主。祈禱是一顆不知道去懷疑、去否定，一顆說「是」的心的表達方式，她唱著歌、跳著舞，只為了這個世界是如此的美。它是一份如許優美的禮物，我們沒有資格接到一份這樣的禮物。我們對上主無以回報，所有我們能夠做的就是讚美、唱頌出哈利路亞！如果一個人變得充滿著哈利路亞時，他將再也不需要其他東西，那時，任何事情都是可能的，即使是不可能的事情也是可能的。所以，讓祈禱成爲你的路。盡可能以各種可能的方式去讚美，並且絕對不要抱怨。丟棄那個逕在抱怨的頭腦。這只是一個你是否願意下定決心的問題。一旦你下定決心，開始丟棄抱怨的舊習慣時，整個能量將會開始移向讚美。讚美帶來喜樂、恩典。以所有可能的方式去讚美：讚美日落、雲朵、樹木、鳥兒以及人們。不要在讚美這件事情上做一個小氣鬼，全心地去讚美，儘可能地全然，那時它將會帶你愈來愈接近存在。它將成爲一座橋樑，它是通往存在最短的路途。靜心是一條長遠的路途，而祈禱是一條捷徑。

*6*號

祈禱是宗教的基石。對祈禱者而言，他們領悟到這一點而使祈禱成爲他們存在性的經驗。祈禱之子是感恩，他們感到感恩，因爲存在所給予的這份禮物是如此的浩瀚，他們持續不斷地一直灑落在你身上，但我們開始將他們視爲理所當然。那是身爲萬物之靈的人類所能夠做出的，最愚蠢的事情，但我們的頭腦總是在做這件事——開始將每一件事情視爲理所當然。

當太陽升起、黎明無比優美之時，你的頭腦却在說：「又怎麼樣？這件事每天都在發生。這只是另一個早晨，就像其他早晨一樣。」東天整片的天空都隨著太陽的升起而霞紅，陽光從雲朵後透射出來，充滿著炫麗的色彩，而頭腦却在說：「又怎麼樣？這又不是什麼新鮮事。」這已經發生過幾百萬次了，而且也還會再發生幾百萬次。」

如果這是你看待事情的方式，那麼這就是頭腦如何看待事情的方式，它變得麻木不仁——對美麻木、對音樂麻木、對詩麻木、對愛麻木，對一切具有價值的東西麻木。如此一來，你自然會活黑暗之中，活在醜陋之中。這是你自己創造出來的。

開始去感激。朝欣賞事情之價值所在的方向去成長。讚美存在一直為你在做的事情，以後也將會有更多發生在你身上。你讚美的愈多，就愈會有能力去看，你會變得愈具有接受性。一個充滿著祈禱的人將會變得如此具接受性，以至於他會在任何地方都看見神，他在任何地方都發現神的簽名——在寧靜中藏著經典，在石頭上存在著佈道詞。

7號

只要讓你自己溶化進入愛的能量之中就夠了——變成一個愛的能量，而不是要愛上某樣特別的東西，而只是對所有一切，每一樣東西，甚至是沒有東西時，也要感到那個愛！重點不在於那個愛上的客體，而是在於一個滿溢的、愛的能量。如果你靜靜地坐在房間裡，那麼讓這個房間充滿著愛的能量，在你的周遭創造出一種愛的氛圍。如果你注視著樹，便與樹陷入愛之中，如果你注視著星星，便與群星陷入愛之中。你就是愛，如此而已。所以無論你在哪，都要繼續將你的愛傾倒進去……當你將愛傾倒進入石頭時，即使石頭也不再會是一顆頑石。愛是這麼的神奇，這麼一個奇蹟，他會將每一樣東西蛻變成他鍾愛的。當你成爲愛時，存在就會成爲你的鍾愛，存在變成神。人們沒有成爲愛卻在找尋和追求神。他們怎麼可能找得到他？他們不具有必要的準備、必要的背景和空間。

創造愛，並忘掉所有關於神的事情。有一天，突然間你將會在每一個地方都碰見他。

8號

儘可能寧靜，愈來愈寧靜地坐著——不只是身體要靜止不動，那只是在創造出一種對你有所幫助情境，但那不是目標所在，那只是開始而已。比較重要的是頭腦要平靜下來，頭腦要停止持續不斷的嘮叨。而且它的確會停止——我們只是從未試過罷了。所需要的就是一個非常簡單的過程：坐在自己內在，然後看。讓頭腦去做各式各樣老舊的戲法，而你只是不帶判斷地看，既不去說這是好的，或是壞的，也不去選擇、或是拒絕——完全對他保持疏遠、冷漠。慢慢著，藉著保持成為疏遠而冷漠地，你將會學會這個訣竅。

首先，頭腦會嘗試所有它過去的詭計，爾後漸漸地，它會開始感到尷尬不堪，因為你沒有受到他所用的任何方法的影響，不管是這個或是那個方法。即使如果你受到影響而對頭腦起反感，他也覺得無所謂，因為他已經成功地干擾到你了。所以不必反對它，不要和它對抗，而且也不要落入他的詭計之中，成為一個受害者。只要保持超然。

你將會陷入到思維之中很多次。當你記得時，將你自己拉出來，再度將聚集起來，再度開始觀照。一個思想升起——看著它。它來到你眼前——看著它。而後經過，注意到它的經過，而不必攜帶著它是好的或是壞的，它應該存在我們或不應該存在的想法，不必攜帶道德判斷，這只是一個科學性的，冷漠的觀察而已。

有一天，突然間，它不在那了，在那一天，將會有你從未知道過的寧靜降臨到你身上，那時它將決不會離開你，它保持和你在一起，成為你的靈魂本身。它就是解脫。

9號

成爲愈來愈寧靜的。每當你有機會時，只要靜靜地坐著，不必做任何事，甚至不必靜心。只是毫無理由地、毫無目的，靜靜地坐著。慢慢地，寧靜將會成長，變成一種震撼性的經驗。當寧靜一波又一波地瀰漫、滲透進入時，你將會知道你是誰，你將會知道這一生所爲何來。知道這一點，就是知道神。

10號

在死亡接管你以前，你必須找到眞正的家。而這的確可以被找到的，因爲它並不遙遠。它是可以被找到的，因爲它就在你的存在裡面。你不需要走遍天涯海角找尋它，相反地，你必須地靜靜地做著，而丟棄掉所有心理上思緒的漫遊。

當思維不再移向過去或未來時，漫遊停止。就在那一刻，種子開始成長爲一顆樹木。那時將會有無限的可能性——果實、花朵、陽光、微風以及雨水，那時你將能夠儘情享受。

你可以與微風共舞，你可以與白雲分享喜悅，你可以與群星軟語呢喃。

11號

自發性是通往神聖之門。成爲自發性的就是處在神性之中。思維永遠都不是白發性的，它若不是處在過去就是處於未來；若不是處在那個已經不存在的情況中，就是處在一個還未存在的情況中。在這兩者之中，思維一直錯過那個現在存在的狀況，而那就是通往神性之門。

當下這一刻並不是時間的一部，因此當下這一刻也無法被思維所掌握。思維和時間是同義複詞，你可說思維是存在於你內在的時間，而時間是存在於你的外在的思維，但他們是同一個現象。當下的此刻既不是時間的一部分也不是思維的一部分。當你處在當下這一刻時，你就是處在神性中。那是靜心眞正的意思，祈禱眞正的意思，愛眞正的意思。當一個人出自於當下的覺知而行動時，那個行動決不會綁手綁脚，難以施展開來，因爲那不是你的行動，那是神性透過你而行動。那是神性流經過你。

12號

捨棄所有的界限，變成無限的。只從永恆、無限的面向去思考。比那更少都無法使任何人感到滿足，而且也將不可能使任何人滿足——永遠不會。

身體的界限必須被捨棄。我們太過於認同自己的身體了。我們以爲自己是這個身體，但我們不是。這是第一個必須被捨棄的虛幻的謊言。很多其他的謊言出於這個謊言升起，如果某個人認同於這個身體，那麼他將會害怕衰老、死亡。這些恐懼是出於對身體的認同而滋長出來的。

將你自己想成純粹的意識。你不是身體，你是那個覺知到這個身體的人，你也不是思維。

首先在身體上下功夫，因爲從比較粗鈍的層面開始會比較容易。然後再移到比較精微的層面：注視你的頭腦，好像它是和你分開的一般。當你覺知到你既不是身體也不是頭腦時，你將會感到有一股很大的自由從你的內在升起、無拘無束的自由。將不會有屏障、不會有高牆阻隔、四面八方都是敞開的空間。接下來就必須丟棄最精微的層面——屬於感覺的層面。那是最精微的層面，首先是身體、接著是頭腦、接著是心。從心解脫而出就是成道。

當你知道你既不是身體，也不是頭腦，也不是心時，你會立即知道你是誰以及存在是什麼，以及這一世所爲何來。所有的祕密將立即被揭露而出。

13號

我們在這個世界上全都是異鄉客。這不是我們的家鄉，我們的家鄉在其他地方。我們身處他鄉。讓自己身處在外在的世界之中就是維持在無家的狀態中，進入內在就是回家。現在，你必須竭盡每一分努力進入內在。嚐盡所有可能的方法，反向自身。冒著失去一切的可能性，因爲沒有任何東西會比反向自身更珍貴。每一樣東西都可以爲它而丟棄、犧牲，因爲所有其他的東西都是微不足道的小事。

14號

宗教之人無我地活著。他知道：「我是整體的一部分，整體的本能的一部分，我根本就不是分離的。」去知道：「我和整體不是分離的。」會帶來無與倫比的自由。會帶來一種無邊無際的廣闊性，整片天空都是你的。你再也不會認同於一個小小的，非常微小的自我。

我們是非常廣闊的存在體，但卻侷陷於一個小小的空間裡，因此才會造成這麼大的痛苦。這就好像是在強迫海洋進入一滴露珠之中。我們是擁有雙翼的鳥，原需擁抱整片天空，但卻被關在籠子裡。沒有人將我們關在裡面，令人諷刺的是，我們卻一直將自己關在裡面。我們是這座監獄，也是一個囚犯，同時是一個獄卒——沒有其他任何人在。因此，神祕家將這稱作是一場夢——它的確是一場夢。在你醒來的那一刻，你才發現到：「這眞是一件奇怪的事。我夢到我被一隻獅子追趕。但我就是那隻獅子，而我又被追。而且，我也是一個旁觀者，是這整件事的現場目擊者！」這就是生命的現象，像一場夢一般。

現在時間已經成熟了……如果孩子們在玩一些愚蠢的遊戲，那可以諒解。他們需要走失，需要犯很多錯誤。但當你長大成熟後，就不應該再被原諒。而自我是最愚蠢的遊戲，因爲它違背實相、違背存在。我們出於自己的想像、慾望、金錢、野心、嫉妒而一直在創造自己的監牢。而這些東西全都持續不斷地在我們的周圍編織出一張微妙的網。這整張網被神祕家稱作是自我。頭腦的整個工作被神祕家稱作是自我。從此刻開始，覺知到它的存在，並慢慢地，擺脫它的桎梏。

15號

自我是我們的地獄，而令人諷刺的是，我們就是它的創造者。我們創造自我，而後因此而受苦。但不去創造它，並且步出受苦也是在我們的能力範圍之內。當自我不存在時，痛苦就不存在，你身處在喜樂之中。喜樂是我們的天性，痛苦是一種人創造出來、任憑已意的現象。喜樂不是人爲的創造物：它此刻就已經存在了——隱藏在痛苦之下——像一股伏流般。你不需要去創造它，它本來就在那了——只要你不去創造痛苦就夠了。而人創造痛苦的祕訣，公式就在於自我。

成爲一個門徒意味著丟棄自我。從此刻開始不再自認爲高人一等，或是低人一等，兩者都是自我的心態在作遂。不要自以爲是某號人物或是無名小卒，兩者都是自我的心態在作遂，試著去了解自我的狡詐，它甚至會僞裝成謙虛，它會說：「我是虛懷若谷的，再也不會有任何人比我還謙虛。」小心！它已經從後門溜進來了。

16號

自我由我們認爲自己和存在分離，我們是一座孤島的感覺或是想法所形成。這是絕對謬誤的想法。我們不可能存在於分離之中，我們甚至無法存在於分離中一分鐘的時間。進入我們體內的呼吸一直在保持我們與外界的連結，而且，我們不只是在以鼻子呼吸，我們從身體的每一個毛細孔在呼吸。

當我們口渴時——我們喝水——水可以解渴。外在持續不斷地移動進入我們的內在，並從內在移向外在。食物持續不斷地在循環中。我們與眞實的世界處在持續的交流過程中。我們不是分離的，我們以一千零一種方式與存在銜接在一起。

17號

自我只有在你抗爭時才會存在。臣服是自我的毒藥。所以，把你的重心放在臣服上面，抗爭是自我的食物，臣服是自我的毒藥。自我必須死亡，唯有那時你才能夠誕生。一個劍梢中，不可能放兩把劍，你若不是活在自己的本性中，並讓自我離開，就是要讓自我活著，而你必須轉入地下去。那就是千百萬人生命的狀態——他們眞實的生命活在隱密的地下室中，而自我卻高高在上地坐在寶座上。在臣服中，自我消失，而你深藏在地下室的自己便會開始露出表面，回復他自然的地位，他自然的狀態。你的生命可以做存在的樂器，一根靠在他唇邊的笛子，你只是必須要成爲中空的，讓他唱他想唱的歌。或者，如果他不想唱歌，那時寧靜也是如同歌曲般地優美。

18號

從未知道過靜心的人是活在一種貧瘠、荒蕪的人生中，沙漠般的人生。我聽說，有一個美國觀光客興高采烈地、穿上他的泳衣往大海的方向跑。他問一個男人：「海離這多遠？」男人看著這個美國人，覺得非常可憐他，並說：「你不可能用走的走到大海——這裡是撒哈拉沙漠，大海離這至少有八百公里遠。」美國人說：「這樣我就只好在這個海灘上休息了。」

你可以把你的沙漠看做是一個海灘。那就是人們的生活方式，將他們的沙漠看做是一個海灘。它根本就是沙漠而已。在撒哈拉沙漠裡面，至少，你在八百公里後還會找到大海，但在一個沒有靜心的人生中，這個撒哈拉沙漠是永無止盡的。甚至在八百公里後也不會結束……

19號

喜樂從來都不是我們達成的。它不可能是，因爲它只會發生在當我們消失時。如果我們還在那宣稱我們已經達成它了，那麼這就是一個虛假的喜樂，這不是眞實的喜樂，這只是一個夢。它很快就會消失，而後你將會掉回痛苦中。頭腦對你玩弄了一個詭計，而頭腦非常的狡猾，非常地長袖善舞。它一直在找各種手段和方法讓你圍繞在他身邊。而他最後的詭計，他能夠玩弄的最後一個詭計就是去創造一種虛假的喜樂的感覺。

眞正的喜樂一直都是一份從存在而來的禮物，而它只有在自我死亡時才能夠發生。自我就是障礙，當你不存在時，整體便會存在，這個整體的經驗發生在全然的寧靜之中，無物就是喜樂。當整體在你絕對寧靜的空間中舞蹈——沒有任何東西去干擾、沒有思維、沒有自我在扭曲它、妨礙它、阻擋它——那就是喜樂。

靜心的工作是反向的。它是在摧毀自我。而後喜樂將會自行到來。

20號

靜心意味著成為一個無人、一個無名小卒。它意味著讓你自己溶解以進入整體之中——不是保持你的分離，不是在抗拒，而是在溶解……靜心是一種與整體之間的戀情，一種與整體之間的性高潮般的合一狀態。在整體面前，我們當然是不算什麼——我們微小的像是一顆在大海面前的露珠。當你知道自己和整體比起來實在是不算什麼之時，你便會欣然地接受這個事實——不是心灰意冷，而是欣然地接受，因為伴隨著自我的消失，所有的焦慮，所有的恐懼亦將隨之而去。

在你捨棄自我的那一刻，即使是對死亡的恐懼也會消失，因爲只有自我才會死亡，你眞實的存在是永恆的。

當所有的焦慮、擔心消逝時，你將被留下來，處在全然的休息中。無我是靜心的開始。而休息則是靜心的完成。當你處在如此深沉的休息狀態時，沒有任何東西在你內在騷動，你已經到家……在東方，我們將這稱作是撒虛阿南達（Sat-chitanand）：眞理、意識、喜樂——神的三張臉孔，眞正的三位一體。

當你全然的平和、平靜時，這三張臉孔都是你的臉孔——你變成神聖的。事實上，你一直都是神聖的，但現在你發現到了。

21號

靜心，好讓祈禱能夠發生。而祈禱已經發生的唯一證明是，你將經驗到那個芬芳，而其他人則會經驗到你經驗的芬芳。你將散發著它的芬芳。你將成爲它，無論你觸碰到的任何東西都將會欣然起舞。在一個知道什麼是祈禱的人的觸碰之下，即使是塵土也會被蛻變成黃金。祈禱是全然神奇的力量——但它是靜心的開花，除此之外，別無它法。

因此，我在這會堅持強調靜心的重要性，而非是祈禱，因爲我知道祈禱是靜心之後不可避免的結果。如果祈禱出現，她的芬芳是一個自然的結果。

所以，我不教導祈禱，我不教導爲人類做公益服務，因爲我知道靜心就是一切所需要做的。一旦靜心發生，其他每一件事情都會在適當的時機跟隨而來。祈禱會來，出自於祈禱的，就是獻身爲人類服務——那就是她的芬芳。

22號

一個沒有靜心的祈禱者是虛假的，因爲那依賴的是信仰，你必須去信仰一個你對他其實一無所知的神。你怎麼可能眞正地對一個你其實一無所知的神祈禱呢？你可以自欺欺人，但祈禱不可能從信仰中升起，那基本上是不誠實的。如果甚至連祈禱都會是不誠實的，那麼在生命中還會什麼是誠實的呢？

但在這個世界上有千百萬的人，他們對靜心一無所知却仍然一直在祈禱。他們攜帶著塑膠花，却相信這是眞正的玫瑰花。因此，他們一方面一直在祈禱，但另一方面他們的一生却沒有祈禱的芬芳。相反地，他們的生命散發著嫉妒、恨、暴力、貪婪的腐臭味。似乎根本就沒一絲的芬芳存在。

我個人的觀察是，眞正的宗教是由靜心開始的。

靜心意味著一種沒有思想、寧靜的狀態。當你絕對地寧靜，沒有思想干擾、攪動你的寧靜時，如斯的寧靜所帶來的喜悅將會是如此的浩瀚，那時你必定會由衷地感激整個宇宙。你不可能不會如此，不可能不感到由衷地感激。這再也不是一種信仰與否的問題——你知道什麼是喜樂，你已經經驗到這個寧靜，寧靜的樂曲，你的心由於這樂曲而充滿著祈禱。這一刻，你只能向存在俯身敬拜。

23號

祈禱不是什麼，而是寧靜，純粹的寧靜。你不是在對任何人說任何話，他者絕對地消失。在你的意識裡沒有內容物，在意識之湖上，甚至沒有泛起一絲的微波；一切都是如此的靜止而寂靜，除了心的跳動、血液的流動之外，沒有任何的話被說出，那圍繞著這個寂靜的優雅，以及一股由然升起的感覺，對這整個存在爲我們所做的一切而俯身敬拜，這就是祈禱。

因此我在這裡並不教導祈禱，我只教導寧靜；因爲祈禱是寧靜的必然結果，是寧靜的開花。你下功夫去創造寧靜，當你所下的功夫完成時，祈禱自然會來臨，就如同春天來臨時，樹木便會充滿著花朵般。創造寧靜，那麼你就是已經創造出春天。現在，花朵業已臨近，他們就在不遠處，他們必將到來，創造寧靜，而後你將會被祈禱所祝福。

24號

喜樂爲所有的人衷心所愛。無論我們在做什麼，它們最終的目的都是在找尋喜樂。在我們每一個行動中——無論是正確的或是錯誤的、道德的或是敗德的，物質的或是靈性的——他們的找尋都是一樣的，都是在找尋最終的所愛——而那就是喜樂。

當你全然地靜止而寧靜時，喜樂將會從你的存在中湧現而出。那一刻，是人眞正的誕生的一刻。在那之前，人只是生理上被誕生下來，而非靈性上的。在那之前，他還不是一個靈魂。只有在那之後，他才會成爲一個靈魂，才會成爲不朽的，才會成爲一個神。

25號

一個有覺知的人，一個靜心的人不會心煩意亂，因爲他觀照著每一件事情的發生。他觀照著電話鈴響，他觀照著孩子哭泣，他觀照著鄰居和音響的聲音愈來愈吵——他和這些事情毫不相干。他冷靜、平和而對所有的面向敞開。所以無論發生什麼事情——火車呼嘯而過，飛機轟然經過，或者是遠方布穀鳥的鳴叫聲——每一件事情都被包含在內。這是一個竅門。如果你繼續做做看，慢慢地，你就會學到這個竅門。當你學到靜心的竅門時，你是一個新的存在。這是一個新的出生，眞正的出生，因爲就在那一刻，你知道你既不是身體、也不是思維，你是純粹的意識。這個純粹的意識在出生前便已存在，並也將在死亡後繼續存在，它是不朽的。這是一個對靈魂不死的探索、發現。發現靈魂的不朽就是發現永恆。

26 號

學習如何去消失，如何去蒸發。學習如何不存在。那是生命中最偉大的藝術，因爲自我是如此的狡猾。

自我總是可以找到某些方式從後門進入。它可以變得虛懷若谷，可以變得篤信虔誠，也可以變得很神聖，變得像個聖人般地神聖。它可以玩各式各樣的把戲。

注意看。當你愈知道自我的方式時，你就愈能夠免於它，因爲它再也無法在你身上玩弄任何你已經知道的花招了。慢慢地，所有的門都被關上。有一天，當自我的最後一個花招崩潰時，你從你自己解脫而出。

那就是解脫、自由。那就是所有宗教努力的最終目標。唯有在那個解脫的狀態下，一個人才會知道什麼是眞理。解脫和眞理實際上不是兩件分開的事情，而是同一個硬幣的兩面。解脫就是眞理。

27號

從現在開始把你的重心愈來愈放在內在，讓出愈來愈多的時間與空間給內在。這只是一個你要不要去記住的問題。那時慢慢的，你的意識將會轉向。當你開始面對你自己時，你是在面對最偉大的現象，這是生命中最優美、最細膩的經驗。因爲你會看到生命固有的優雅和壯麗。

28號

人在出生時便在他的內在帶有一盞非常小的，神性的光，但這盞光却被隱藏在一層又一層的黑暗之下。所以每當某個人進入他自己內在時，他首先必須穿越過一片黑暗的叢林——這嚇跑了很多人。很多人試圖走進內在，但他們在面對這種狀況時會再度選擇逃避，因爲那個黑暗讓他們眞的很害怕。它看起來很像死亡。

基督教神祕家爲它取了一個非常適當的名稱：靈魂的黑夜。但人必須穿越過這個黑夜；否則黎明將不會出現。黑夜是孕育黎明的子宮。當你在穿越過這個黑夜時，師父的存在眞的是需要的。一旦你已經看見自己內在的光時，便再也不需要任何的幫助。你由衷地感激師父。你已經到家，旅程已經結束。

*29*號

每當你找到時間時，忘掉外在，那是很表面、很膚淺的世界。深深地潛入內在，而後你將會找到光，我們的生命本身的光，它是組成我們以及這整個宇宙的原素。在過去，那些元素被稱作是神，現在，那個字已經變得有點危險，人們不喜歡那個字，它看起來有點過時。它已經帶有教士、教會、廟宇的腐臭味，那個味道不怎麼令人好受。

所以，我不會說你可以在內在遇到神。但我也無能爲力，因爲你的確會遇到！那個光就是何謂的神。除非人知道自己是不可能被任何東西摧毀的永恆，否則他會維持待在表面，爲外界環境左右，意外的存在。

30號

宗教不過是一種讓你自己溶解進入整體的簡單藝術，神便是整體。因此，一個已經達到神的人會被稱作是神聖的、完整的人。因爲他已經變成完整的，他再也不是分離的，他已經拋棄那個自己是分離的愚蠢想法，他不再像是一塊冰塊，他已經溶化並且融入大海。

那是無比喜樂的一刻。在那之後，這個人將再也不會從喜樂中跌落下來——已經沒有任何方法可以讓他跌落下來了，即使如果他想要成爲痛苦的也不可能。

一般人活在自以爲是裡，他們嘗試努力要成爲喜樂的，卻辦不到，而維持在痛苦的折磨中。而一個臣服的人，即使如果他嘗試要成爲痛苦的，也不可能，喜樂是伴隨臣服而來的結果，而痛苦是伴隨抗拒而來的結果。

31號

一旦你內在的光被找到時，你的生命將只會是純粹的喜樂。那時不只你自己是喜樂的，而且別人也會感染到這一份喜樂，它會開始影響其他人。那些具有接受性的人在靠近你時，將會開始感覺到某些東西。他們的心會做出回應，某些鈴聲將會開始在他們的存在裡響起……這是一種同步感應的現象。

一個喜樂的人能夠在千萬人身上觸動這個過程。因此我的興趣並不在於社會，而在於個人。如果我能夠讓幾千人產生蛻變，那就夠了──他們將會點燃更多的火。而這是一個沒有結束的過程，它會一直一直繼續下去。

三月
從黑暗跳到光明

1 號

人類並不是他從外表顯不出來的那麼小。他的內在包含著整片天空，在他身上包含著所有的海洋。是的，他看起來像是一滴露珠，他的外表非常容易誤導人，而科學仍舊是在他的外表——那顆露珠——上下功夫。

那些曾經更深地穿透進入人類意識領域的人皆訝異於他們的發現——當你走得愈深時，人的存在就會變得愈浩瀚廣大。當你達到人最核心部分時，他就是這整個宇宙。那就是神性的經驗。靜心，並且愈來愈向內深入，神性已經是在那裡了——我們只是必須去揭開他。

2號

任何能夠帶給你喜樂的事情都會滋養靈魂。人類不是只有身體才會飢渴，他們的靈魂其實更加的飢渴。

要警覺到：儘可能選擇喜樂。避開受苦，絕對不要和那些有時候會圍繞著你的痛苦合作，它是注定會圍繞著你的，它就好像雲一樣，會在某一天飄過來，又飄走，於是天空再度放晴。

看著雲、看著太陽，並且謹記在心，你和這兩者都是分開的。黑暗的片刻來臨、光明的片刻來臨——我們在一個白天與星夜，生有死，夏與冬的轉輪上移動著。但是，如果我們能夠記得我們不是這些東西，那時，喜樂將會升起，那時這個人會頓時間和他自己和睦共處，並和存在和睦共處。那就是喜樂——那個和諧，那個共鳴，那個和音的狀態就是喜樂。

一日你學到如何成爲喜樂的竅門時，你的靈魂便會開始成長。否則，他維持只是一顆種子，而從未變成一棵樹過。除非種子變成樹，而後樹開花並且帶來很多果實，否則生命將只是白來一遭。

3號

一個充滿喜樂的人不會對任何人——無論是他自己或是別人——做出壞事。他就只是無法做出壞事。但是一個痛苦的人則注定會做錯事。他也許會以爲自己是在試著要做一些好事，但他做不出好事。即使是他有想要做好事的意圖，但出來的結果却不是好事。他也許會認爲自己熱愛人們，但他只是在愛的名義下操控別人，他也許會認爲自己是人民偉大的公僕，但他只是一個政客。他會透過服務而試著去控制人們。痛苦的人基本上對做好事無能爲力，因此對我而言，美德可以被縮減爲一件事情，那就是喜樂。而罪惡可以被縮減成一件事情，那就是痛苦。痛苦就是罪惡，而喜樂就是美德。我對門徒唯一的訊息就是：成爲愉快的，成爲喜樂的，跳著舞，唱著歌，那時無論你做什麼事都將會是對的。

4號

喜樂只會發生在那些勇敢的、有勇氣，有瞻識的人，因爲喜樂只會發生在當你已經超越已知的世界而進入未知的世界之時。每當你變得囿限於已知的世界時，你的生活就會變成一個周而復始的例行公事。它一直在以一樣的軌跡移動，它在兜圈子。而後慢慢的，它會使你所有的敏銳度，所有你的接受性變遲鈍。

例行公事式的生活會使人們變得僵硬，使他們盲目、使他們耳聾、使他們啞然失聲，因為他們看不到、聽不到、說不出來也感覺不到任何東西。他們已經對所有的事情知道得滾瓜爛熟，再來也只是重複同樣的東西而已。在這樣的人生中怎麼可能會有喜樂呢？這樣的人生只會有一種滋味——那就是痛苦、沮喪、憂傷的滋味，揮之不去的憂傷。

但如果一個人有足夠的勇氣，持續不斷地從已知的世界移動進入未知的世界時，從熟悉的世界進入不熟悉的世界……

這是非常冒險的行為，因為熟悉的世界是安全、保險的。如果你進入一個未知的，沒有地圖的世界時，誰知道將會發生什麼事情。你搭乘著自己的小船，進入沒有地圖的海洋。誰知道你是不是會再度回到這個同樣的岸上？誰可以向你做出保證？沒有人可以保證，但是，除非人準備好要在這樣危險的狀態中，否則他不可能喜樂。危險地去生活——因為生命除此之外別無他路！它就是必須在危險中被經歷過。

對門徒而言，勇敢是最大的美德，那時，喜樂將會不斷地發生。如果有一個人準備好要危險地活著時，很多喜樂的花朵將會繼續綻放。

5號

在這個世界上最大的勇氣就是不去模仿別人，儘可能忠於自己地過他的生命，不計任何代價。即使爲了過你自己的生命而失去生命時也是值得的，因爲那就是靈魂誕生的方式。當有人準備爲某個東西而死時，在那個劇烈的痛苦中——劇烈的痛苦意味的是一種掙扎的狀態——在那個掙扎中，靈魂便誕生了。這是一個出生前的陣痛。這需要勇氣，這需要膽子。

過你自己的生命，別受到那些道德家、清教徒、教士、愚蠢的人一直在你給的建議的干擾。過你自己的生命。即使如果你是錯誤的，以這種方式過你自己的生命也會比根據其他人給的建議而成爲對的好多了，因爲根據其他人的意見而做出的對的事情的人是一個虛假的人，而一個依據他自己的決定而做錯的人。遲早都會從他的錯誤中學習到東西。他將會因此而成長，他將會因此而裨益良多。唯有當某個人準備好去犯錯時，他才會有所學習、成長。而最好的犯錯的方式就是不要聽別人的意見——只要繼續做你的事情就對了！

6號

生命是屬於勇敢的人的。懦弱的人只是麻木不仁地在過活。懦弱的人一直在猶豫不決，等到他決定好的時候，他已經錯過那個時機了。懦弱的人只會想要去生活，但從未眞正的生活過，想要去愛、但從未眞正愛過。而這個世界上充斥著懦弱的人。懦弱的人會有一種基本的恐懼，對於未知的恐懼。他將他自己保護在已知的屏障以內，那是一個他熟悉的世界。但是當你跨出已知的屏障之外時，勇氣於焉開始升起。這是很冒險的、很危險的一步。但如果你冒愈多的險，你就會愈活生生地存在。愈是接受未知給你的挑戰，你會變得愈整合。靈魂只有在巨大的危險中才會誕生；否則，這個人將維持只是肉體的存在而已。

對千百萬人而言，靈魂只是他們成長的一個可能性，而不是他們眞實的存在狀態。只有非常少數的人，勇敢的人是充滿靈魂的。

7號

勇氣和喜悅這兩種品質會爲神的降臨來到預做好準備的工作。你必須成爲勇敢的，因爲神就是未知。無論你曾經聽說過關於神的什麼事情，但當你終於眞的知道神時，你將會大吃一驚。所有那些你聽到的關於他的事情根本就是一派胡言，無稽之談，根本沒有任何方法足以描述這個體驗。神維持是無法定義、無法言傳的。這是一個如此未知的現象，即使是那些已經體驗到的人也無法向其他任何人講述他們的經驗。他啞口無言。英文裡神祕家（mystic）這個字是一個非常優美的字。它的原始涵意是：一個透過體驗而啞然失聲的人，一個已經遭逢到如許眞理以至於他只能說，那是一個奧祕，那是神祕而不可思議的事——這等於是沒說什麼。

8號

當你往高處爬，想要觸及神的時候——因爲那才是眞正的高峯，其他任何東西都遠遠在他之下——當你試著要觸及神的時候，你變成一個向上攀升的人。而眞正的奇蹟在於，當你開始朝神的方向向上攀升的時候，神便會開始降臨在你身上。

這個相會總是發生在中間的某個點上，這不是一條單行道，不只是求道者會朝神的方向移動，在求道者開始移動的那一刻起，神也會開始移動，這是同時發生的現象，這實際上是一個過程，但這一個過程會有兩個起點——找尋者和被找尋者；這是同一個現象，但除非你開始向上攀升，否則神不可能降臨在你身上。

人們一直活在一種好像這個庸庸碌碌的一生就是所有的一切了。人們一直活在一種好像不可能再會有更高的可能性存在似的生活中。有無限的可能性存在，人類帶著一個偉大的潛力而來到這個世界，每個人存在之最終的高峯就是神。

不只是人在找尋神，神也在找尋人，如果這只是一個單向事件的話，那麼這個找尋就不會是這麼地美了，這會是一邊熱過頭，而另一邊却在冷眼旁觀。而眞實的情況並非如此，這是一場熱烈的愛情。

9號

生命是一則神聖的故事，它不只是你的自傳，它是神的自傳。我們只是置身其中的篇章、段落，其中的註脚。

存在是一支偉大的交響曲，我們是那些小小的音符，小小的樂器。我們可以隨著整體而奏出合音——那會爲我們帶來喜樂。我們也可以和整體唱反調——那會爲我們帶來痛苦。情況就是這麼簡單而明瞭。所以，當你覺得痛苦時，記得，你是在有意的或是無意的做出某些違反整體的事情。立刻修改過來。

除了你以外，沒有人必須爲情況負責，你要自己肩負起這整個責任。還有，每當你感到喜樂時，從那一刻中學習。你一定是與整體掉入合諧的共鳴中。記得這是如何發生的，而後再去創造出同樣的聯繫，一再一再地去試，好讓它能夠更常發生，並且能夠發生的更深入。痛苦和喜樂都是很棒的老師，如果我們能夠就只是注意看，然後從這兩個老師身上學習的話，就也不需要任何經典了。

*10*號

在喜樂能夠發生以前，你必須成爲像一顆岩塊般的整合、結晶。人們像是散沙一般，只是千百片碎片般的存在，他們的內在是一個羣衆，是一大羣人，而不是一個人。但喜樂只會發生在當你的內在是一個人的時候，否則你內在的羣衆將會持續不斷的製造出噪音、衝突、抗爭、焦慮、痛苦。

這整個羣衆必須被融合成一個統一體。當那個整合發生時，喜樂自然會以一個衍生物跟隨而來。喜樂只是一個內在整合時的衍生物。而岩塊代表的是那個整合。

11號

整個存在被一個正在保護著你、關心著你，並隨手可及的神聖能量所包圍著。如果你一直與它擦身而過，那麼原因只會出在你身上。

如果你將你的大門深鎖，外面也許是在出大太陽，但你將生活在黑暗之中。即使如果大門是敞開的，而且陽光普照，但你還是會將眼睛閉上並依舊是活在黑暗之中。神也是一樣的情形：他的愛一直都存在，但我們的心卻不是敞開的，我的心是封鎖的。讓神可以觸及你的心，好讓你可以接受愛，好讓你可以與整體一起脈動，與整體共鳴。那時將會有無限的祝福灑落到你身上。

12號

靜心者必定會比其他人更聰穎。如果他們沒有，那麼他們的靜心就是假的，那麼他們就是不知道靜心是什麼。他們是在靜心的名義下做其他事情，那不是靜心。

一個具有靜心品質的人必定會比較敏感，比較聰明、比較具有創造性，比較具有愛，比較慈悲。這些品質是自己成長出來的。這其中的整個祕訣就在於一件事情：學習如何讓頭腦停止。

當你學到如何讓頭腦停止時，而你變成頭腦的主人，如此一來，思維就是一個很好用的工具。當你想要使用它、當它是需要的時候，就可以使用它，當它不需要的時候，你就可以將它擺在一邊。

13號

愈來愈覺知到所有你在想的，所有你在慾求的、想像的、夢想的事。只要記得，你必須覺知到每一件事情。如果你現在正在走路，覺知到它；正在吃東西，覺知到它；正在想事情，繼續去看在你的腦海裡有什麼思想正在經過。有一天你將會吃驚，當你已經學到那個竅門時，它甚至在睡覺時也會持續下去。你繼續看著那些夢。你知道有那一類的夢正在經過，而且你知道它們是夢。那一天，當一個人可以看到他自己的夢時，那將會是一個很大的蛻變。從那一刻開始，你是一個新的存在。從此以後，你進入一個實相的世界。藉著觀照夢、思想、欲望，我們慢慢地變成觀照者。我們變得不會認同於所有我們正在觀看的東西，我們變成觀照者。而那個觀照是最終的實相。

14號

我最本質的訊息是：不要出於恐懼去生活，因爲根本沒有會末世審判的問題存在。無懼地去生活，因爲唯有如此你才會全然地活著。

恐懼很自然地會將你封閉住，它不允許你去敞開。在你能夠做一件事前，你必須去顧慮到一千零一件事情。——這是對的，還是錯的，道德的，或是不道德的，教會允許或不允許，經典贊成或是反對它。你愈是去想它，事情就會變得愈來愈混亂。一旦你開始朝向將事情變成罪惡的方向上移動時，你不可能是活的，你只是在苟延殘喘罷了。

我的法門完全不同於以往的宗教。人們是會有錯，但絕對不會有罪。只有一件事情必須被記得：不要一再又一再地犯下同樣的錯誤，因爲那是純粹的愚蠢。人應該要去探索生命，而在探索中，人有的時候的確是會走錯路。如果太害怕走錯路的話，人是無法探索的。如此一來，生命這整個冒險的旅程就被扼殺、被摧毀、被壓碎了。而那就是所謂的宗教家在做的事情：他們已經使宗教變得這麼嚴肅、這麼陰沉，他們把宗教的臉拉得這麼地長。

我的努力是要帶給你們喜悅，以及對生命的興味，帶給你們去探索的勇氣，讓你們毫無畏懼的繼續走下去，探索生命所提供給你們的所有可能性，沒有恐懼地將你們自己擴展開來，成爲開放的以及脆弱的。因爲神是我們的法官，所以我們並不需要害怕。當你在最後的審判日看到神時，你可以告訴他：「沒錯，我曾經喝酒過，也曾經試過一些事情，請你原諒我。」我想他會了解的，不必擔心！

15號

要捨棄過去的確是很難，但它必須被捨棄，因爲唯有如此，新的事物才可能會發生，要接受新的事物是很困難的，因爲這是新的事物，而我們對它感到不熟悉。它是一個陌生人，因此我們的內心深處在擔憂、在害怕。但人必須學習去愛新的事物，否則人將不會有任何成長的可能性。成長不過意味著將舊的事物捨棄掉的勇氣，以及去愛新的事物的勇氣。而這不只是要偶爾爲之，而是要在每一個片刻都去做，因爲在每一個片刻都會有某些東西正在變老，而某些新的東西正在敲門，每當那個發生時，聽那個新的事物的話，對舊的事物完全裝聾做耳。

舊的事物會在你身上造成束縛、限制，而新的事物會爲你帶來自由。眞理總是新鮮的。神一直都是清新的，如在清晨陽光下的露珠般清新。

16號

眞理不是可以隨人取用的現成物品。它既不屬於傳統，也沒有被寫在經典中。眞理需要你親自去探追詢、探索，而且每一個人都必須去追尋。也許我已經找到了，但我無法將它轉交給你。情況並非是我不想要給你，而是眞理是無法轉手的。它就是無法被給出去，沒有任何方法可以將它交給別人。當你將它交給別人時，它會立刻變成謊言。你必須靠自己去發現它。

諸佛可以顯示給你看這條道路，但你將必須親自走過這整個旅程。這是一個漫長而費力的旅程，但同時也是無與倫比的優美。每一分、每一秒都將充滿著驚奇，充滿著訝異的。

17號

眞理只會被天眞的意識所觸及——那是一個如同孩子般天眞的意識，那是一個一無所知的意識。當你知道時，你的鏡子便是覆滿著灰塵——知識像是一面搜集著灰塵的鏡子。而當你一無所知時，你會充滿著驚奇和敬畏，你的鏡子是純淨的，而那個純淨的鏡子會反映出眞理。

18號

眞理不是某種必須被達成的事物。它已經就在我們裡面了。我們就是眞理——找尋者就是被找尋者。但我們卻一直跑東跑西地在找尋眞理。我們絕對無法在其他任何地方找到眞理，唯一能夠找到它的方式就是停止在外在世界的找尋。

要找到它的唯一方式是靜靜地坐著，向內看。問題不是在於要做什麼事，問題比較是在於要不做任何事。

當你處在一種無為的狀態中時，當你完全地放鬆，它就發生了，它會湧現而出。它其實一直都在那裡，但你從未在那過。這個交會發生在當你也是在你自己的內在之時。

19號

有一盞燈正在你的內在燃燒著。它一直都在那裡，只是我們從未去注意過它罷了。我們總是在背對著它，因此才會活在黑暗之中。

黑暗是我們自己的創造物。如果我們向內轉，那麼一切都是光，如果我們向外看，那麼一切都是黑暗。黑暗不過意味著我們已經變得太過專注於外界，而忘記了內在的世界。光是我們最本質核心的部分，光是整個存在的本質，存在是由光所組成，光造成了存在。因爲這個原因，所以世界上所有的經典都說神是光。現在，當代的科學家也同意說宇宙是由電子、電能所形成的。那是科學的用語，而光是一個比較詩意的用語。所以，下一個決心，從現在開始盡你所有的力量向內轉。

20號

我們生而爲光，我們活在光之中，也將死在光之中——我們是由光所形成的。這是歷代以來的神祕家最偉大的洞見之一。科學家在這二十年內也同意這一點：他們必須同意。二十年前，他們還在譏笑神祕家，以爲他們是在說一些無稽之談——「人類是由光形成的？他們一定是用一個隱喻性的意義，而非眞正意指如此。」但神祕家眞的是意指如此。

現在，科學開始說不只人類是由光所形成的，其他每一樣東西也都是由光所形成的，所有的一切都是由電子、電能形成的。科學是經過一條非常漫長遙遠的路途才來到這個了解。客體性的方式是一條漫漫長路；主體性的方式是非常容易，而且可能是最短的路，因爲你只需要向內看就夠了。再也用不著其他的東西：不用實驗室，不用儀器，不用精密的設計，再也不需要其他東西——它只是一種閉上眼睛，並且向內看的藝術而已。

那就是何謂的靜心：向內看的藝術。當思想消失，思緒靜止而寧靜時，內在的光便會被看到了。那是一個揭露的過程。

一旦看到你的光時，你將會大吃一驚；現在你在其他每一個身上都看得到。那時，這整個存在不過是一片光的海洋。它不是物質的存在，而是純粹能量的存在。

21號

數世紀以來，神一直被想成是光明。這個想法來自於我們對於黑暗的恐懼。神不只是光的存在而已，他的光就和黑暗的比例一樣的多。神必定會是兩者，否則黑暗將根本不可能存在。神必定會是那最高的和最低的，物質和思維。神必須是整體的存在，而整體包含了相反的兩極。神不可能只是光而已。

我們出於自己對於黑暗的恐懼而從未將神想做是黑暗，透過恐懼而接近神並不是一種正確的方式。神應該是在沒有恐懼的情況下——也就是深深的愛之下——被人接近的。如果帶著恐懼在看東西，你會把你的恐懼投射出去。你會在那看到並不存在的東西，接著，你便看不到存在在那的實相了。當你不害怕時，你會帶著絕對的清晰度看到實相。恐懼會像煙霧般地圍繞在你周遭，它們像雲一樣。唯有當你帶著清晰，絕對的清晰，沒有條件的清晰，除了清晰以外別無它物時才會看到神。那時，神是兩者——他的光就和黑暗一樣的多。那時，他是夏天和冬天、生和死兩者。二分性消失，一個無與倫比的「一」在你的視野裡升起。

我們被二分性所束縛者，並只會被「一」所解放。就如同波汀（Plotinvs）所說的：「對神的找尋是一個從單獨到單獨的飛行。」

開始將黑暗看做是神聖的。開始將每一件事情看作是神聖的，因爲無論我們知不知道，無論我們能不能將它認出來，但所有的一切都是神聖的。我們的認知爲何完全是無關緊要的——存在就是神聖。如果認出這個事實，我們將爲之雀躍；如果不去認出這個事實，我們將會不必要地受苦。

22號

人類看起來非常的渺小，非常的有限，就像一顆露珠般。但他身上蘊藏了所有的海洋，蘊藏了所有的天空。如果你從外在來看，他非常的渺小、微弱，如同塵土般——塵土疊上塵土。但如果從內在，從他的中心來看時，他是整個宇宙。

那是科學和宗教之間的不同——科學從外面審視人類而遍尋不到任何的靈性、神性，而只是有生理、化學、生物性——只是另一種動物而已。

因此科學家一直在研究動物以了解人類。動物比較簡單，比較容易操縱、實驗，所以科學家一直在小白老鼠身上做實驗。而且無論結論如何，他們總是在堅持這也是發生在人類身上的情形。當然，人類是會比較複雜一點，但基本上是相同的。科學已經將人類貶低成老鼠。現在，人類只能藉著研究小白老鼠或是小狗而被了解。

人類只有藉著了解諸佛、基督，或者克里虛那這些人才能夠被了解。絕對要記住這個基本法則：你不可能透過了解較低的存在而了解較高的存在狀態，但你可以透過了解較高的存在而了解較低的存在狀態。較高的包含著較低的，而較低的無法包含較高的。

要了解人類的唯一方式不是要從外界，不是要透過觀察，而是要透過靜心。人必須要進入他自己內在的領域，進入他自己的主體性中。站在那裡，他將會知道無與倫比的驚奇和前所未有的敬畏——原來那個人是神。

23號

科學一直在告訴人們：「你們只不過是動物罷了。人類只是動物界的一個支系罷了。」三百年以來，他們不斷地在傳達這個概念。它已經非常深入地滲透到我們的血液、骨頭和骨髓裡。

我們不是動物。實事上，動物他們自己也不只是動物。我們是神聖的，動物也是。宗教基本上是根植於人是神聖的，這個宇宙是神聖的洞見上。科學將每一個東西貶到最低微、普通的層面上。如果你帶一朵蓮花到科學家那，他會說這不過是泥巴罷了，因為它在泥巴中生長，它從泥巴中生長出來。如果你帶一堆泥巴到神祕家那，他將會說：「不必擔心——有千百朵蓮花隱藏在裡面，因為蓮花是從淤泥中生長出來。」

宗教站在最高的點上在看事情，並且使那個最高點作為決定性的因素。科學站在最低的點上在看事情，並且使那個最低點成為決定性的因素。從這一刻開始，讓這成為你的洞見：你是神聖的，這整個宇宙也是。帶著這個洞見會讓你比較容易向上移動，因為如果沒有向上攀升的話，將不會有任何更高的可能性存在，那時，這個人根本會忘掉有關自我蛻變的事。如果有一個可能性存在的話，人就會開始朝向它摸索。可能性的確存在，諸佛便是最好的明證、最好的證據。

24號

每一個人都是神。沒有人是例外，因爲只有神存在。神就是存在的同義複詞。存在在這世界上必須意味著要做爲一個神存在在這世界上。但我們並不記得這個事實，我們完全對這個事實視而不見。所以，問題並不在於要如何達到神性，問題在於如何記起來。神性是一種被遺忘的語言。

我在此的努力是要幫助你記起某些已經是在那裡的東西。沒有任何東西必須被達成。你只是需要去發現你自己，去發現你是誰，而後，你將會知道你是誰。

當你知道你是神的時候，整個存在也變成神聖的，每個人也都是神。當這整個存在在你的眼中看來都是神聖的時候，那眞是一種無與倫比的喜悅。你被神所圍繞著。很自然的，從你的心裡將會升起很大的喜樂。

25號

人類是一座界於動物和神的世界之間的橋樑。人類恰好位在中間，他是一條通道，因此人類並不眞的有他自己的本質。獅子會有某種的本質，玫瑰花會有某種的本質，石頭會有某種的本質。而人類完全沒有。

人類是一個成就他的本質的過程，而不是一個本然的存在狀態。唯有當他已經超越人性，當他已經成爲一個佛，或是基督時，他才算是達成了他的本質，成爲他本然的存在狀態，但如此一來，他就不再是人類了。他已經通過這座橋了。

通過這座橋，記得，不要把你的房子搭在橋上面。橋是要被通過，要被超越的。而那就是人類的美。沒有任何的狗除了狗以外還能做其他的東西，沒有任何的石頭除了石頭以外還能做其他的東西。他們有一種固定的本質，再也沒有任何成長的可能性。

只有人會成長。只有人有探險、旅行、進入未知的可能性。人最美的部分，最壯麗的部分就在於他可以超越他自己，這看起來是不可能的事。如果想一想，你會認爲這是一件不可能的事。如果你在跳之前一直在想，在猶豫要不要跳的話，你不可能跳得下去。對那些一直在思考這件事的人而言，事情會變得愈來愈不可能。想得愈多，就會愈不可能去跳。唯有那些勇敢的人才會縱身跳下去。俗諺說：「想過兩次以後再跳。」我說：「先跳，然後你高興怎麼想就可以怎麼想。」二次、三次……隨你高興。放心，可以想到你覺得滿意爲止——但首先要先跳下去！

26號

靜心引領你朝向海洋般的存在——從渺小到浩瀚，從受限制的身體頭腦的架構到不受限制的意識，從有限到無限，從時間的向度到永恆的向度，從生與死到永恆的生命。唯一的要求是要丟棄自我存在的想法，而這對聰明的人而言並不難做到。一個人愈聰明就會愈容易丟掉這個概念，因爲他可以看到，這是一個完全謬誤的想法。

我們不可能是分離的——在分離的狀態中，我們甚至無法存在僅僅一分鐘的時間。如果沒有空氣進入體內，我們就完了。我們持續不斷地在與整體流動、互換。呼吸是介於我們和整體之間的橋樑。呼吸是某種類似在整體裡面的根：當你將樹木從地面上連根拔起，它會開始枯死。它失去它的根，那是它養分的來源。停止呼吸，人亦將死亡。

呼吸是一種將我們的存在根植進入整體的微妙方式。「氣」這個字本身就是意味著生命，因爲沒有氣，也就沒有生命。那是判斷一個人是活是死的唯一徵兆。如果他還在呼吸就是活的，如果他不再呼吸，就是死了。但因爲氣不是肉眼看得到的，所以我們沒有注意過它。否則，我們每一分每一秒都持續不斷地從存在中取得某些東西。

如果審視生命、我們將會非常輕易的察覺到自我是一種虛假的概念。當你丟棄自我時，所有的屏障將會隨之而去——在那一刻，你掉進大海中，與大海合而爲一。這個經驗是狂喜、自由的最終的經驗。

27號

靜心是一種讓你自己著陸在你的中心本身的藝術。我們活在生命的邊緣地帶——那麼要如何從外圍跳到中心呢？這是一門偉大的藝術。我將它稱作藝術而非科學是因爲，科學是比較數學性的，而藝術是比較詩意，比較具藝術性的。

在科學中，它遵守的是宇宙的定律科學，不會有例外出現。在藝術中會有例外出現，事實上，每一個人多多少少都以不同於其他人的方式抵達他的中心，因爲每一個人在他身上會有某些獨一無二的特質。那是這個宇宙的神力和偉大的恩惠——他只製造獨一無二的個體。

靜心是介於外圍和中心，外在和內在，思維和無思，物質和意識之間的橋樑。

28號

靜心是存在過最偉大的奇蹟。它是開悟者給人類的最偉大的禮物。科學曾經給過很多東西，但這全都無法和靜心相比。我們無法想像得到，科學能夠給出任何足以和靜心相比的東西。至今爲止，靜心一直是人類得到的最偉大的禮物，而且，它也將維持永遠是最偉大的禮物。我們可以斷然的做出這個預測的簡單理由是：科學一直在研究客體的世界，而靜心是在讓你精通、主宰你主體性的存在、你的內在世界——而內在一直都高於外在。很明顯的，科學不可能比科學家更偉大，客體不可能比觀察者更高，更有價值。

29號

對於未知的恐懼使我們對各式各樣的痛苦緊抓著不放。痛苦沒有在緊抓著你不放，是你在抓著它。人們寧可有苦可受也不想要什麼都沒有。什麼都沒有不只是比受苦更好，更是比其他每一樣東西更好，比整體更好。成爲什麼都不是，成爲一個無名小卒，成爲一個完全沒有個性的人眞的是需要十足的膽子。這是在朝向最遠的彼岸移動而根本不知道它是否存在。這是在失去此岸，這個你已經將它摸透的一岸，而後縱身跳進某種也許存在、也許不存在的地方——誰也無法保證。

因此，師父的存在會有其必要性。師父不是一個對未知的擔保人，而是一個見證者。他不可能爲你擔保眞理必定會發生在你身上。他只能夠分享：「它的確存在——我已經知道它了，我是一個見證者。」如果望進他的眼睛，你可以感覺到信任，如果你可以感覺到他的愛和你對他的愛時，將會有某些東西開始顯露，那時將會有某種奧祕開始發生。那個神秘的關係就是門徒的特質，那就是成爲門徒。那是生命最神祕的經驗。即使愛的經驗也無法與它相比。

30號

人可以以兩種方式去生活。他可以活在一種四面八方都是封閉的，裹得緊緊的生命中。有千百萬的人選擇這種生命方式的原因在於，這是安全的、保險的、舒適的，但他們却因此而錯失掉某些遠遠更具價值的事物，他們錯失掉冒險的精神，他們失去對眞理的探索，他們錯失掉神，他們錯失掉愛，他們錯失掉愛。事實上，他們錯失掉有的一切，而他們得到的不過是一個舒服的死亡。他們的生活是一種在墳墓裡過的生活。在墳墓裡當然不會有任何的危險，你不可能再死一次。那是最安全的地方。不過雖說那是安全的，但你已經失去生命了。

神性唯有在當一個人學習到如何以第二種方式去生活時才有可能發生。第一種生活方式是活在盔甲中的方式，那是千萬人的選擇。由於這個原故，他們根本只是活動墓塼，他們只活在動物的層面上——事實上他們已經是植物人了，他們沒有靈魂。

當人開始危險地去活時，他首次才算是眞正地活著。危險地生活就是活在一種神聖的生活中。耶穌活在危險之中，佛陀活在危險之中，蘇格拉底活在危險之中，曼殊爾Mansoor活在危險之中。這是那些達到個體性存在之最高峯的人。他們終而知道意識的艾弗勒斯峯。

31號

神沒有形式、沒有名字、沒有定義。神是無法定義，無法描述，無以言傳的。因此無論任何關於神的說法全都是錯的。在神被說出來的那一刻，這些話就變成謬誤的。

唯有當人對神保持沉默時，他才會是正確的。只要說出一個字，你就已經錯失意義了。關於神沒有任何可以說的，但是神可以成爲一種體驗。關於神不會有證據，不會有邏輯上的定論，但是會有某種存在性的體驗。

成爲門徒是在以一種新的方式去看事情。那是在以一種神會慢慢地從每一個地方開始浮現出來的方式在看事情。雖然神沒有形式，但他會以各種可能的形式去表達他自己。你開始在所有的形式中感覺到他。

頭腦無法知道這些，因爲頭腦的思維只能夠提供形式。要知道無形的你將必須超越思維，你將必須每天至少有幾分鐘的時間丟棄思維，好讓你能夠浸浴在神之中。而那些少許的片刻才是你生命裡眞正的片刻。那些是你曾經活過的唯一片刻。所有其他的片刻都將會化爲烏有，它們將不會被保留下來——唯有那些你曾經與神共處，與神一起生活過的片刻才會保留下來。

四月
靜心是火

1號

跟著河流走，隨著河流流動，把你自己完全交給河流。它正朝向大海在走，也將會帶您到大海中，你甚至不需要游。大海代表這整個存在。而除非我們找到海洋，否則我們不可能會滿足——因爲界限、限制的存在。所有的界限都是一種束縛。當河流掉進大海時，它變成無限的；它變成永恆的。而那就是成爲門徒的目的所在：幫助你達到那無限的，永遠的，浩瀚廣大的，無邊無際的，無法定義，那無可言論的。

2號

生活意味著隨時保持在流動、移動。不斷地觸及最遠的天邊。享受這個旅程本身——不必太過掛慮目的地。目的地只是一個讓人可以在旅程中繼續不斷地向前走下去的藉口。事實上，生命中並沒有目的地存在。生命是一個朝聖之旅，一個前往無物的朝聖之旅、一個前往無處的朝聖之旅——只是一個純粹的朝聖之旅。

了解到這一點會帶來很大的自由。你會鬆一口氣，所有的挫折感、所有痛苦的折磨隨之而去，所有的擔憂亦將消失、蒸發，因爲當沒有目標存在時，你不可能會失敗。失敗是因爲我們相信有最終的目的地存在時才會出現的想法。

舉例來說，我絕不可能失敗，因爲我沒有目標；我絕不會感到挫折，因爲我從未期望過任何東西。如果有什麼事情發生，那很好；如果沒有任何事情發生，那太棒了！無論走在什麼路上都很好。

而那就是我最根本的教導：活在每一個全然的當下之中。這不是一種要到達某個目標的手段、方式。但要在開始時做到這一點是非常困難的，所以我一直在給你們一些虛晃的目標和目的。他們其實只是玩具而已，沒有它們你也可以走下去。一旦你開始會享受這個旅程本身時，那時就沒有理由需要任何的目標了。那時你不會問生命的意義何在，生命就是它自己本身的意義，它是一個朝向原點的終點。

這就是全然的自由的狀態。

3號

自由是最重要的品質之一。事實上，所有偉大的品質的開花結果都是出自於自由。唯有當你是自由的，你才能夠愛。唯有當你是自由的，你才能夠尋找眞理。唯有當你是自由的，你才能夠眞正的喜悅。因此自由必須成爲門徒生活的最基礎。

我不想要你們隸屬於教會、隸屬於任何教條、主義、或是隸屬於一個國家、一個種族，那全都是醜陋不堪的東西。人應該要有免於所有那些無意義的東西的自由。人應該要就只是人類。沒有必要成爲一個基督徒，或是印度教徒，或是回教徒，也沒有必要成爲印度人、美國人或是德國人。人應該要有免於所有這些束縛的自由。這些全都是拘禁你們的精神的牢籠。破除這個監牢。而這全都是取決於你自己。如果你和所有這些東西共謀合作，你就是在與你的奴隸身分合作。停止與它合作，沒有任何人在束縛你，這全都是你自己的不覺知所造成的結果。所以，變得覺知到你是如何在與你的奴隸身分合作，覺知本身就足以讓你擺脫所有的奴役。自由是你的天性。自由不是要去向什麼人爭取、達成的。當人所有內在的奴役消失時，他就是自由的，當內在的奴役不再繼續維持時，自由就會開始從你的內在湧現而出。出自於自由，生命才會開始呈現出無比的美。而後每一件事情都是可能的——愛、眞理、神性。

4號

我們是種子，但如果死而爲一顆種子就眞的是太不幸了。我們必須變成花朵，我們必須去釋放我們的芬芳，因爲唯有如此才會有滿足發生。樹在它開花時才是完整的，當春天來臨，樹木將它的心潑灑出去，釋放在色彩、芬芳、喜悅中。當樹木在風中，在陽光下歡舞著，它才會心滿意足。

我在此的工作是要使你們察覺到你們自身偉大的潛力，你們自身無限的可能性，你們所能夠達到的高度、所能夠穿透的深度。你們的高峯比喜馬拉雅山更高，你們的深度比太平洋更深。一旦你們知道你們的高度與深度時，那時生命除了感激之外，將別無其他。存在給你這麼多。它將它所有的創造力倒進你的存在之中，它使你變得這麼的豐富，無窮無盡的豐富……而我們却活得像個乞丐。

點化成爲我的門徒意味的是一個宣言，你再也不是一個乞丐，而是一個國王、一個皇后。

5號

隨著你生過愈多的經歷，會有愈多的記憶累積，它們變得像變一座山——眞的是很重。人們被它壓得喘不過氣來。當你看到記憶其實毫無用處的時候，你會將它們丟棄掉。它們沒有在抓著你不放，是你在抓著它們，只要把你的手拿開就好了。

透過觀照而來的下一件事情是，你會變得察覺到未來仍未到來，所以爲什麼要去杞人憂天呢？當它來的時候，我們就會看到了，我們就可以如實的做出反應了。沒有必要去擔心未來——它也許將永遠不會來，也許會以一種此刻你根本想像不到的方式到來。未來是無可預測的。無論你怎麼樣竭腸苦思也沒有用，在你的想像、計畫中有百分之九十九將絕不會發生。而且，將你的能量浪費在那百分一上根本就是純然的愚蠢。

一旦你看到這個眞相，你將能夠從未來抽身而出——過去和未來百分之百屬於你的頭腦，是你腦海裡全部的內容。百分之五十屬於過去，而百分之五十歸於未來。處於當下將不會有思緒的內容物在腦海中。如果有某個人只是處於此時此地，那時他的意識是清明而空無雜念的。你可以去看，每當你審視你的腦海時，若不是某種從過去而來的東西在移動，就是某種從未來而來的東西。就當下這一個片刻而言，意識是純淨無染的。

靜心者藉由慢慢地地將過去抛在腦後，而讓未來開始在當下中塵埃落定。

活在此時此地就是活在一種宗教的生活之中。那是純粹的意識，出自於一個純粹的意識而引發的任何事情都會是美善的。無論你做任何事情都會是正確的。無論對事情做出什麼樣的反應，你都決不會因此而後悔，決不會因此而感到愧疚。

6號

任何有限制存在的事情都會禁錮你。所有的限制都必須被超越、跨過。當你來到一個在你的存在中沒有任何的限制存在的點上時，當你純粹就是沒有任何界定自己的方式，當你已經超越所有屬於身體的和思維的限制時，你將頓時進入一個海洋般的世界。

所有沒有必要緊抓住任何東西，沒有必要執著於任何東西。保持在沒有執著的狀態中，好讓你的流動不會被任何東西擋住。保持像一條河流般。它流經過很多領土，流經過很多優美的溪谷、森林、高山，但它還是不斷地在移動。它流經過很多優美的景致，但它對此沒有任何的依戀，它不斷不斷地繼續走下去，直至抵達大海。

像河流般地流動，絕不要有所戀棧，否則你將會變成一個小池塘。而小池塘絕對無法抵達大海，只有河流才有辦法。所以，保持一個開放性的結尾並繼續流動。如此一來，海洋就離你不遠了。不管它遠到什麼程度，都不算很遠。

7號

我的工作是要幫助你接受你本然的樣子，並繼續找尋和追求你眞實的靈魂。你的靈魂被一堆愚蠢的想法壓得喘不過氣來，因此你必須卸除對自己的壓抑，使你自己空掉。只有藉著將別人一直灌輸在你身上的廢話抽掉，你才有辦法和你的本性有第一次的接觸、第一次的連結。

這是一種無與倫比的自由。這是免於時間的自由，免於思維的自由，免於死亡的自由。霎時間，你進入永恆的向度中；你與神處在同一時空中。比那更少都不行。

8號

在人的內心深處，他將必須了解生命是一份具有無比價值的禮物，生命中的每一分、每一刻都是彌足珍貴的，他不能將生命浪費掉。生命是一個要去成長的偉大機會，人不應該一直待在海灘上搜集貝殼和彩石。有某些更重要的、更具有意義的事情必須去做。人必須要向內看。他不應該保持只是專注在外在的事情上面，因爲那就是人們如何將他們的生命浪費掉的方式。人應該要開始向內找尋。人應該要愈來愈深入自己的意識中去感覺他的中心。當你感覺到你的中心時，所有的問題都是答案、所有的困惑不安都將消失。再也沒有任何的混亂不清。每一件事情都是如此的清楚、透明般的清楚。你可以看透一切。在那一刻，人會了解到宇宙已經給予我們很多，簡直是太多了，而我們對宇宙又是多麼的不知感激。

感激是一個具有宗教內涵的生命的基本要求。出自於感激才會有祈禱升起，出自於感激才會有愛升起。出自於感激才會有優雅升起。但人唯有在他感覺到生命的價值、無限的價值，以及存在無可估量的價值時，他才會感到感激。

*9*號

當你醒悟時，你會開始以一種全然不同的方式去過你的生命。即使說你的生活還是保持不變，但你再也不是相同的人了。你的方式會是不同的，你的風格本身會是不同的。你會活得比較有意識。不再是在黑暗之中摸索。你透過心而不是頭腦在活。你的生命變成愛、慈悲，變成一首歌、一支舞、一個慶祝。於是當然地，任何來與你接觸的人也將會受到這個能量的影響，它是非常具有感染力的，它像火一樣，狂熱的火焰，一直在漫延、散布。

10號

神是無限的，沒有邊際的，浩瀚廣大的。神是海洋般的存在，而我們卻像露珠一般。我們必須學習如何消失進入海洋的藝術。這需要膽量，因爲要消失進入海洋意味的是要以一顆露珠的存在狀態死亡，因爲除非人以一顆露珠的存在狀態死亡，否則他無法以海洋的存在狀態出生。當種子以種子的存在狀態而死，才會誕生出一顆大樹。種子消失，只有透過它的消失，樹木才會出現。

11號

對神而言不會有黑暗。對光而言，不會有黑暗。黑暗只存在於當光不在之時，因此他們絕對不會相逢。光根本不會知道有黑暗存在。光怎麼可能會知道？——因爲當光在場時，黑暗不再。黑暗只會一種不在的狀態。神不會知道什麼是黑暗，而我們只知道黑暗——我們因此而切斷了與神銜接的橋樑。

我們也將必須達到一個黑暗消失而只有光存在的點上，那一點，對你而言當黑暗消失時，是一個偉大的慶祝的日子，是一個具有無限的喜樂的日子。黑暗的消失唯有當你體認到你是光時黑暗才有可能消失。

12號

成爲充滿喜樂的，成爲發光的。火焰已經存在在那了，你不需要去做任何事情，你只是必須去發掘它。它隱藏在你的內在，所以你不需要去其他任何地方。只要處在寧靜中、靜止、向內看、去找尋。

你將必須通過一大片思想和慾望的層面，但它並不像它從外表所見的那麼的大，是的，你必須稍微去推或去拉一下，而且你必須稍微強迫你自己向內走。但這是一個優美的遊戲，這是很好玩的，做靜心是很好玩的。一旦你能夠通過這一個層面而進入你內在本質的開放空間時，你將會看到火。那是你內在的本質。那簇火焰是存在偉大的火焰的一部分，是宇宙之火的一部分。

13號

人是一本還未打開的經典。我們一直在讀吠陀經、聖經、公案，但我們却從不去細讀我們內在的本性。所有那些被容納在吠陀經、聖經、公案中的內容都已經被容納在你裡面，而且被容納在你裡面的經典是絕對純淨的。吠陀經是被污染的，聖經、公案是被污染的。這是事情的本質：在你說出眞理的那一刻起，它就變成是一個謊言了。去講它，就已經將它虛假化了。唯有當它活在你內在深深的寧靜中時，它才會維持是眞理。唯有在你自己內在的存在中，你才會發現神平靜的，微弱的聲音。這只需要一個條件：你必須變成寧靜的，沒有噪音的，這樣你才會聽到神的聲音，這樣你才會讀到神的經典。

14號

在你眞正的實相裡，你是神。你也許已經陷入沈睡中，而且你也許正在夢到你是一個乞丐，你是一個男人或是一個女人，你是白人或是黑人，你是這個或是那個，你是貧窮的或是富有的——但所有這些都不過是夢而已。當頭腦停止做夢，將只剩下一個東西存在，那就是：「我是神。」

不知道這個眞理而死就是活在一種徒勞而無益的方式中。唯有當人知道：「我是神。」時，他才會滿足。而那不是一個相信與否的問題。教士幾世紀以來一直在說，神的國度就在你裡面——但這並沒有用。你必須親自去體驗。

信仰是容易的、也是廉價的。你可以開始信仰說你是一個神。那根本只是自大狂，根本只是妄想症。重點在於去經驗。

當你信仰你是一個神的時候，當你信仰：「我是神。」的時候，這個「我」才是重要的，而「神」只是一個字。當你經驗到「我是神」的時候，這個「我」只是一個字，一個實用性的字，只有神才是眞的。這是瘋子和神祕家之間的差別。瘋子也會宣稱「我是神」但他不過是在宣稱「我是」。這個最極端的自我在宣稱：「我是神。」神祕家也會宣稱「我是神」，但他是在說：「我什麼都不是，因此我是神。」

所以我不是在說要去信仰我說的話。我是在說你必須去經驗這些東西。不要沒有經驗過這個眞理而離開這一世。這是一個去經驗你的實相的機會。

15號

除非人體認到他的神性，否則他的生命便算是一事無成，是一個失敗。而人可以去體認到這一點，這是每一個人天生的權利；但人必須對此提出要求，他必須爲此下定苦心，他必須要在這一方面非常具有創造力，利用每一個可能的機會去成長；去成長超越過人類、超出人類，變成神聖的——因爲那才是我們的實相。

16號

人並不像他外表所顯示出的那麼小。他是浩瀚的，無比的浩瀚廣大。他如同海洋般。即使是大海也是有界限，而人是沒有界限的。即使是海洋也沒有這麼浩瀚。人的浩瀚是神存在的唯一證明。神是人浩瀚之存在的另一個名字。我們並不僅止於這個身體，我們也不僅止於是思維。我們超出這兩者的。

身爲門徒的整個歷程像是在剝洋葱一樣。有很多層的認同，而我們必須丟掉每一層。慢慢地、慢慢地，直到最後空無一物——那個空無就是你。

只有空無才會是浩瀚的。任何東西都必定是有限的。只有空無是無限的，因此神是最終的空無。神不是一個存在，而是最終的不存在。他不是某某人，他是絕對的無人，他只是一個在、無限的、沒有邊際的。而我們也是。我們並沒有異於神。我們是無限的一部分。

17號

一切有價值的事物都蘊藏著和諧做爲它的核心部分。沒有和諧就不會有神。萬象所蘊藏的和諧證明了的確是有某些東西促使它結合在一起，那是某種肉眼看不見的東西。沒有和諧就不會有愛，但和諧是一條看不見的線，沒有人可以看得見它。

每一個人都可以感覺得到它。愛使人察覺到一個事實——我們所看到的一切也許並不是一切，也許有某些超出你能夠看到的東西存在著。眞實的世界並不僅止於肉眼所見的世界。也有一個不同的星球是屬於感覺的世界的，那是一個遠遠更爲深沉、更爲根本的世界。沒有和諧就不會有喜悅。當你身處在和諧中時，開朗會很自然的、自發地在你身上洋溢著。它變成你的波動。

一個和諧的人必定會是開朗的，必定會是優美的。那是無可避免的結果，因爲再也不會有任何東西比開朗更優美，再也沒有任何東西比和諧更優雅。

*18*號

愛不過是一種消失，是露珠消失進入海洋，是失去自我，是全然的臣服，將自己交托在存在的手中，是與整體的交會，是將你的界限和你的認同丟掉，是將你自己的拘束放掉。在你將你自己的拘束放掉的那一霎那，你頓時會成爲大海般的浩瀚廣大。

我們緊抓著自己的認同不放。我們保護它，爲它而戰，有時甚至準備爲它而死。這是純粹的愚蠢，因爲自我是存在中最虛假的東西。它只是熱氣，沒有眞實的存在。它像是黑暗一樣。

你會看到黑暗的存在，你每天都看到它，但它並沒有自己本然的存在，黑暗僅僅是光的不在而已——在它本身並沒有任何東西，它只是一種光不在時的現象而已。將光帶進來，你就不會發現任何的黑暗，而你甚至從未看到它奪門而出。把燈關上，然後他就突然間在那了。它沒有進來，你可以將門和窗戶關上，它從無處而來，因爲它是非存在性的，它只是一種不在，它不會來也不會走，光會來也會走，因爲光存在。

關於你的自我也是同樣的情形。自我是愛的不在。當你將愛的光帶進去時，自我將會即刻消失。你不需要直接對自我做任何事，只要變得愈來愈充滿著愛，無條件地充滿著愛就夠了。

*19*號

愛並不需要特別針對任何人，只要成爲充滿著愛的——那必須成爲你的品質。它和關係無關。愛必須成爲你的芬芳。對於花來說，不管是不是有人知道它，它都無所謂。即使在最遙遠的喜馬拉雅山上，雖說沒有任何人在那走動，卻仍然有千萬朵的花綻放並將它們的芬芳散布出去。在喜馬拉雅山上，有一種非常奇怪的花開滿一整個山谷，人們只能從山頂上看到這個山谷，沒有人有辦法走到那裡去，因爲走下山谷非常地危險。人們知道那些花，但沒有人曾經聞到他們的香味，而且他們有非常迷幻的色彩，他們與人相隔遙遠，但他們根本不會去擔心那麼多，這些花還是非常的開心。

愛必須成爲你的品質。充滿著愛，有一天這個狀態將會發生，那時你就只是愛，甚至不是充滿著愛而是愛本身。在那一天，眞相揭露而出。在那一刻，露珠消失進入海洋而成爲海洋。

20號

在愛的路途上，這是整個秘密所在：沒有動機的愛會蛻變你的整個存在成爲愛的能量，變成愛的能量就是變成神聖的。再也不需要其他東西了。那就已經比人所能要求的多出太多了，那就已經比人所能夢想的多出太多了。這會帶來絕對的滿足，這會帶來開花。你將會綻放。意識的花朵將會開始在你內在綻放。

21號

靜心只是將你帶到宇宙之門前。但那是最偉大的旅程——從頭到心，從邏輯到愛，從知道到感覺的旅程。因此詩人會比科學家更接近那扇門，舞者會比政客更接近那扇門，愛人會比商人更接近那扇門。但只有透過靜心，詩人才會覺知到那一步，否則一個人可以站在廟宇的大門之前卻讓自己背對著大門。

那就是詩人站在那的方式：站在廟宇的大門前，卻在向外看。神祕家也是站在同樣的門前，但是在向內看。他們站在同樣的點上，造成這個不同的原因在於靜心。靜心給你一個一百八十度的轉向，你不會去看外界，你會向內看。

詩人和神祕家的方向是不同的。他們置身在同樣的空間裡，站在同樣的點上，詩人和神祕家正好是在同樣的點上，站在同樣的門前。但詩人是在向外面看，而神祕家是在向裡面看——那造成了兩者之間的不同，極大的不同。

在神祕家向內看的那一刻，他隨之衝了進去，至此而後，便再也無法停下來，沒有任何事情能夠讓他停下來，那個要衝進去的衝動是無法抗拒的。

靜心使你有能力跨下最終的那一步。所以，集中你全部的力量，你全部的存在在一件事情上面，持續不斷地讓這個字保持在你的記憶裡——靜心——並將你的整個能量放進去，好讓它能夠變成你的實相。

22號

要進入靜心的最基本的一個品質是耐心。人不可能匆匆忙忙地進入靜心。愈是匆匆忙忙的人，愈會花更多時間，如果這個人有辦法永遠地等待下去——充滿著愛，充滿著信任地等待——那麼它甚至會在傾刻之間發生。它會立即發生，它會馬上發生，這全都視這個人的耐性而定。

但要記得，做靜心的時候絕不要去管它的結果如何。它將會按照它自己的時機到來。信任！只要去享受靜心本身，不要對它太貪婪，不要加諸任何的野心。如果人可以將靜心做爲一種享受而不是一種手段時，如果一來，奇蹟便會立刻發生，它會改變你整個的存在。

這個蛻變是很容易的。人必須學習耐心的藝術——人類已經完全忘掉這門藝術了。每一個人都是如此的匆忙，每一個人都想要讓事情快速地發生。沒有人準備要等。由於如此，在宗教的世界裡才會有這麼多的雞鳴狗盜之士。你要求得到即溶咖啡，所以才會有神棍在賣即溶咖啡，並利用這個情況剝削你。

我的方法在於耐心，無限的耐心——而不可思議的是，它竟會像即溶咖啡般的發生。但首先你必須先滿足這個要求。這是一個予盾的現象，但任何有關眞理的現象看起來總是矛盾的，它必須是予盾的，因爲眞理需要囊括它的相反兩極。

23號

人對靜心須要充滿著遊戲式的心情，他必須學習如何去享受它的樂趣之所在。他對靜心不能變成嚴肅的——嚴肅待工，你就錯過了。他必須非常喜悅地進入靜心。而且他必須持續地覺知到他的靜心正在掉入愈來愈深的放鬆休息中。

靜心不是集中精神，恰好相反，它是放鬆。當你完全放輕鬆時，終而與你的存在面對面。當你從事於活動時，你是如此的被事情所占據著，以至於你看不到自己。活動在你的周遭創造出很大的煙霧，它們在你周遭掀起太多的灰塵，因此，你每天至少要有幾個小時的時間，把所有的活動擱置在一邊。

但這只有在一開始時是如此。當你學到休息放鬆的藝術時，那時，你可以同時是活躍而休息的。因爲在那個時候，你知道休息是某種如此內在的現象以至於它不會被任何外在的事物所干擾到：活動一直在外圍繼續著，而在中心，你保持是安然休息的。所以這只是對初學者而言，才必須要將活動放掉幾個小時。當人已經學習到這門藝術時，如此一來就不會有問題了：這個人可以一天二十四小時都是靜心的，而所有日常生活的活動仍然可以持續不斷。

24號

靜心可以為你做到兩件事情：第一，靜心可以使你察覺到存在周遭所有的美，它使你對美更敏感。第二件事情是，靜心可以使你變得更優美，它給你某種的優雅。你的眼睛變得充滿著美，因為這整個存在是如此的美，我們只是必須去啜飲它，我們只是必須去允許這些美進入我們。

一般而言，人並沒有察覺到圍繞在存在中的美。他比較覺知到所有那些醜陋的事物，因為人的頭腦總是不斷地在找尋負面的事物。它會計算刺，而錯過玫瑰花，它會計算創傷，而錯過喜樂。那是頭腦的方式。

當你進入靜心時，當你變得稍微比較寧靜時，稍微比較平和而沉靜時，比較放鬆，比較安然歇息於你的存在中時，你會突然間變得察覺到樹木的美、白雲的美、人的美，此時此地每一件事情的優美。

每一件事情都是很美的，因爲它們全都充滿著神性。即使石頭也是洋溢著神性。沒有任何東西是空無神性的，一旦你開始經驗到所有這些優美的層面時，它最後的結果是，你由於這些優美的經驗——你藉由音樂、藉由詩、藉由舞蹈、藉由慶祝、藉由愛的滋潤而變得優美。一個很自然地後果是，優雅將會從你的存在中升起，並開始洋溢，每一個人都可以看得到它，除非是有人決定對它視而不見，那就是另外一回事了。如果這個人想要去看，它就在那了。但那些下定決心要閉上眼睛的人，他們理所當然會看不到它。

25號

玫瑰花很美、蓮花很美，但他們並不是美所綻放的花朵。他們是很美的花，當然，但並不是美。所綻放的花朵發生在你最內在的核心。他們透過內在的成長而發生，當你將你的潛力具現時，當你眞的變成一個靈魂的存在，當人生已經達到飽和，當你已經經驗過全然的生命時，那時將會有某些東西在你身上開花。那個開花首度從存在中爲你帶來一份禮物。

有很多的禮物從存在而來——出生是一份禮物，生命是一份禮物，愛是一份禮物

——但最終的禮物是當你的意識變成一朶蓮花時。當有美在你內在開花時，在日本，他們將這稱作是三托歷（Satori），在印度我們稱它是三摩地。它可以被翻譯成最終的狂喜。

26號

蓮花象徵的是意識最終的開花。此刻，你只是一個花苞，封閉的。因此你的芬芳還沒有釋放而出。門徒生涯是一種讓蓮花的花瓣綻放的過程。門徒生涯像是太陽的升起般。和師父在一起意味的是進入一個陽光普照的世界。隨著太陽的升起、蓮花的花瓣亦開——這是很自然的，而不是被強迫出來的——無比的芬芳隨主被釋放而出。業已來到完全的滿足，因爲他已經交出他所被賦予的天命，並將之倒進存在。任何他所能夠貢獻的、創造的，他都已經做盡這一切了。那是創造力最終的行動，而且很自然的，在那個最終的行動後，他感到全然的滿足、完整。

27號

愛你自己，因爲唯有透過愛，你才會變得和諧，你才會變成一個整體。不要苛責你自己。你已經被賦予一個優美的身體。你已經被賦予一個被稱作是頭腦的優美的機器。如果你正確的使用它，它會有無比的重要性。如果讓它變成主人，那麼它是危險的。如果你保持是主人，那時就沒有問題。它是一個優美的僕人。而且你已經被賦予一個靈魂——整體的一小片。人再也無法比這要求更多了。

28號

光是可能發生的，但只有透過愛才合可能。沒有愛，只有黑暗可能發生。在內在的世界中，愛和光是同義複詞；他們並非意指不同的東西。因此一個想要充滿著光的人，一個想要開悟的人必須無條件地充滿著愛。

沒有任何索求的去愛。索求使愛變得醜陋不堪，索求會摧毀愛。如果你對你的愛附加什麼條件的話，它就不再是愛了，它變成欲求。而且它變成一個政治性的遊戲，一段追求權力的旅程。

讓你的愛維持它的純淨，並且讓你的愛保持沒有局限，不要爲它製造出任何的限制、條件。讓它保持不單單針對任何人、事、物，所以慢慢的，就不會有要去愛誰、或去愛什麼東西的問題產生，唯一的問題變成要如何成爲充滿著愛的。愛的客體變成是無關緊要的。

就如同身體需要呼吸般——那是光的生命力——靈魂需要愛。愛得愈多，你就擁有愈多的靈魂。當你的愛無限之時，你的靈魂也會無限制地延伸。當你的愛不知道什麼是邊界時，你的存在也不知道什麼是邊界。那才是人們所說的，實現神的旨意的眞正的意思；那就是實現愛，別無他法。

29號

愛是通往眞正的勝利最確定的路。但這是一條非常奇怪，非常矛盾的路，因爲愛以臣服做爲開始却以勝利做爲結束。那是它的矛盾之處；愛並不想要成爲勝利的，但是它變成勝利的。愛會想要臣服，但臣服却帶來勝利。

而那些試圖要勝利的人保持是失敗者。他們也許在世人的眼中會是勝利者，但那並不是眞正的勝利，因爲死亡將會把它帶走。眞正的勝利甚至死亡也無法將它摧毀。

只有當你已經獲得某種不會隨身體而腐朽的東西時，你才能夠將你自己想成是勝利的。愛給予你對於不朽的第一個瞥見，愛打開超出死亡的第一扇窗。一個知道愛的人遲早必定會知道存在，這個人只是需要讓他的愛持續地深入下去。與愛本身處在愛之中，如此一來，勝利將會是你的。

30號

在內在要充滿著喜樂而外在要充滿著愛。一個人可以是充滿著喜樂而卻是小氣的——那時喜樂會開始死亡。它必須被分享出去以保持流動和活力，保持它的新鮮和年輕。

過去所謂的宗教之人的傳統是非常小氣的方式，在其中沒有愛的容身之處。當然了，他們全都是在找尋喜樂，他們並可以隨處去找到一點的喜樂，但他們卻非常的貪婪而吝嗇。而後在他們的貪婪和吝嗇中，他們找到的任何東西都將會被扼殺掉，摧毀掉並被他們毒化，因此他們維持是憂愁的。所有的聖人看起來都是愁容滿面、拉長著一張臉——他們沒有笑容、沒有愛、沒有分享。

這是一件非常根本的法則：喜樂會隨著你的分享而成長。否則它會死去。即使如果你偶然中發掘到它的一處來源，但很快地它也將會枯竭。如果你想要讓它成為永不枯竭的，那麼去分享它，儘可能地去分享它。而且絕對不要去想別人是不是值得讓你這樣做。這是一個貪婪的人、吝嗇的人才會去顧慮的事。

一個想要去分享的人絕不會去想別人是不是值得讓你這樣做。誰在乎？整個的重點是在於分享。如果他準備要去分享，那就夠了。要感謝那個人允許你分享你的喜悅。

對於喜樂的分享就是愛，而喜樂是能夠一直成長的。你愈是去愛，就會變得愈是充滿著喜樂。你變得愈是充滿著喜樂，就愈會去愛。他們會滋養彼此。而後在這兩者之間，你會變成一個整合的存在。

31號

思維是一堵牆，靜心是一座橋。思維切斷連結，靜心重新將連結接上。一旦你與整體結爲一體時，那意味的是你與樹木、與山、與河流、與星星、與太陽以及與月亮結爲一體。在那時你擁有無限的可能性以及他們所有的喜悅。那時生命首度開始有了自由，因爲所有的局限消失了——而那是人類心中最終的渴求。

我們持續不斷地在找尋這個一體的感覺；我們有意或是無意地想要與整體融合，因爲只有與整體在一起，生命才會來到它最終的高峯，狂喜才會達到它的埃佛勒斯峯。

五月

與生命嬉戲

1號

除非是存在在你身上舞蹈，否則你將不可能會有任何的舞蹈。除非是存在在你身上慶祝，否則你將不可能會有任何的慶祝。

將你自己移開，好讓你不會梗在你和存在之間。把自我、把「我」這個概念本身擺在一旁，全然地讓自己空掉，成爲具有接受性的。當你的空全然的時候，整體將會開始灑落千千萬萬的喜悅和千千萬萬的花朵在你身上。這是無限華麗壯觀的一刻。

2號

將自己奉獻給神的確就是門徒生涯的定義。這個人開始不是爲了自我，而是爲了整體在活，這個人開始做爲神的工具而活，這個人變得只是像一把中空的竹子，好讓神可以將他蛻變成一支笛子。這個人將他自己放空。

那就是需要去做的一切；一個人必須將他自己放空。當這個人是空的之時，某些神祕的事就會開始發生，這是無法解釋的現象，某種屬於那超越的會開始降臨在你身上，某些未知的力量會開始透過你而歌唱，透過你而舞蹈。

那個未知的力量就是神。神不是一個人，那只是一個用以表達所有神祕的現象，表達所有那些超越理解的，所有那些智力無法理解的現象的名字。而將自己奉獻給那個奇蹟似的，神祕的世界就是想要活在一個優美的、優雅的生活中的唯一方式。否則，人們只不過是拖著自己的身體在活，他們的生命不是一支歡舞、不可能是。

3號

所有偉大的事物一直都是一份存在給的禮物。它絕不是我們去達成的，事實上，它只有在當我們完全不在時才會發生。愛發生在當你不存在之時，眞理發生在當你不存在之時，喜樂發生在當你不存在之時。當你太充滿著你自己時，任何事情都無法發生。在這種情況下，禮物不斷地在來，但你却還沒準備好去接受它們。自我是非常不具接受性的。唯有當我們完全空無時，我們才能夠接受存在的禮物。愈是空無愈好。

存在並不吝嗇。它會給予，而且會給予很多。它願意給出每一樣東西，但我們却還沒有準備好去接受。我們沒有任何的空間可以去接受它的禮物。

所以，開始將你自己放空掉，而後你將會走在正確的路途上。

4號

靜心之神是唯一眞正的神。所有其它的神都是人爲的創造物——是詭計多端的教士的創造物，貪婪的念頭的創造物，出自於恐懼的創造物，唯一的神、眞正的神不是一種創造物，而是透過靜心所經驗到的，因爲靜心需要你首先將所有的思想拋掉，這其中包括關於神的思想。

當所有的思想和慾望已經被拋掉時，那時所有你接下來知道的都不再是你頭腦的一部分，因爲我們已經將頭腦從一開始時就擱置在一旁了。現在再也沒有任何人在創造任何東西。現在你將會知道一切所是的。

5號

人類用盡一切可能的方式要去達成喜樂，藉著堆積金錢、藉著變成有權的人、藉著變成令人尊敬的人、藉著變成博學多聞的人……，但所有這些方式都注定會失敗。他們不可能會為你帶來喜樂。喜樂只會以一個方式來臨，那就是藉著你變得愈來愈有意識而到臨。你愈是有意識，就會愈充滿著喜樂，愈是無意識，就會愈痛苦。

隨著意識變得愈來愈大，而無意識縮小時，你也隨之變得充滿著喜樂，愈來愈充滿著喜樂。你開始像花一樣的綻放開來。現在的我們像是花苞一樣，是封閉的，隨著喜樂的到來，你將會變成一朵花。在東方，我們說這個變成一朵蓮花、一朵千瓣的蓮花。每一個人都攜帶著這顆種子，這個花苞，但要成為有意識的需要很大的努力。無意識已經成為我們的習慣這麼多世了，它幾乎已經變成我們的天性。所以，從這一刻起，在你做的每一件事情當中，在你想的每一件事情當中，在每一個你的感覺當中，試著去成為愈來愈有意識的。這些是三個不同的層面。在所有這些三個不同的層面中，你必須變得愈來愈警覺，愈來愈注意在看，愈來愈是一個觀照者。在這三者之間會升起第四個——觀照者——而那就是你眞實的本性。

一旦你已學習到如何去創造出這個觀照者時，你便是知道這個神祕的藝術，你知道這個將你的存在中的黑暗大陸蛻變成光的鍊金術。

6號

當你去做某些創造性的事情時會有一股很大的滿足感升起。當你完成一幅圖畫時會有一股寧靜降臨在你身上。你感到一種滿足，意義和價值感，你已經完成一件了不得的事情，你已經加入神的工作，他是一個創造者，而你也以你自己的方式成為一個創造者，當然是一個小的創造者，但你已經加入神，與神一塊工作——也許只是幾步路而已，但你是與神走在一起了。

創造力最終的作用是你意識的開花。在那之後你將不會與神有片刻的分離。自此之後，這整個朝聖之旅便是與他在一起，與他合而為一。這自然會是無與倫比的滿足。再也不會有其他的滿足會比那更高、比那更大。它是最高峯。

7號

人們寧可一直在做一千件其它事情，也不願意回到家。如果他們是很痛苦不堪的，他們還是一直在將責任推到別人身上。丈夫想說是妻子在製造麻煩才會讓他這麼痛苦。……或者是社會，或者是國家，有一千零一種藉口。一個人總是可以找得到藉口、理由，他們總是唾口可得。如果你無法找到，你也可以去發明藉口。但是沒有任何的藉口會有用，它們只會延長你的受苦。對你的痛苦而言除了眞理以外不會有其他的理由——而眞理在於你非常遠離你的存在。

所以每當你覺得痛苦不堪的時候，進入靜心，變成寧靜的，注視著你的痛苦，對它變成一個觀照者，不要與它認同，而後你將會大吃一驚，你愈注意去看，它就會變得愈少。當你鉅細靡遺地留心注視時，它將只是消失，就如同從未存在過似的。甚至不留下一絲的痕跡。而後頓時間你將會發現到那個變成你的痛苦的同樣能量現在已經變成灑落的喜樂。你已經到家了。

8 號

生命本身是如此無與倫比的優美，但我們却對此不知不覺，我們對它視而不見。生命是如此的燦爛奪目，但我們却沒有足夠的敏感度去接受它。

生命是完美無暇的，但我們的敏感度却幾乎等於是零，因此整個的問題是在於如何創造出更多的敏感度，如何變得更活生生，如何變得更敞開，更脆弱，好讓你能夠感覺到圍繞在我們周遭的生命。當我們與生的步伐一致時，生命就是神，再也沒有其他的神。

生命不知道什麼是死亡、什麼是出生。它是永恆的，而我們是那個永恆的一部分。但我們已經在我們如鏡子般的本性上堆滿了很多的灰塵，以致讓它無法反映出任何東西。我們的思維像是一層在我們的意識上的鐵鏽，因此它無法反映出任何東西，而我們也無法看見存在的實相。我們只會看見灰塵，我們只看見我們的思想、我們的慾望、我們的記憶、我們的夢——而他們並不是實相。除非所有這些灰塵被清掃乾淨，否則我們將沒有辦法如實的反映出眞實的世界。

當一個人變得愈來愈寧靜、平和、警覺、敏感時，生命會變得愈來愈閃耀、愈來愈美、愈來愈喜樂。生命是一份偉大的禮物。但我們卻浪費掉這個時間和機會，我們並未明白我們被賦予的這一切的一切。我們沒有資格得到這一切。

9號

我們在這個地球上全都是異鄉客。我們眞正的家是在彼岸。我們在此只是要將自己準備好去成長、去經驗，去變得成熟，好讓我們可以在彼岸被接受。我們就像孩子被送到學校般的進入這個生命。這是一個學習的場所，這不是我們的家。竭盡你所能的去學習，儘可能深入地去經驗。讓你們的生命多元化——但要記得一件事——這不是我們的家。所以不要留戀、不要佔有、不要開始去執著，否則將會有誰去彼岸？當黃昏來臨，孩子們回家。他一整天都待在學校裡，他在黃昏時回到家裡。學校是必要的，沒有學校他無法成長。伴隨著所有的歡愉和痛楚，伴隨著所有的愚蠢和智慧，伴隨著所有的喜悅和痛苦，我們慢慢地學習到如何去平衡，歸於中心。走過很多很多劇烈的痛苦和狂喜，某些在我們內在的東西開始變得成熟、整合。當我們準備好時，從彼岸來的船將會抵達這裡將我們帶回家去，但只有當我們準備好的時候它才會來。否則我們將會一再又一再地被送回來，直到我們學會這一課。

10號

我聽過一個偉大的音樂家的故事。他正在唱一首歌，而那些正在聆聽他歌聲的人都是音樂的熱愛者。他唱完一首歌，聽衆就說：「再來，再唱一次。」他又唱了一次，非常高興自己這麼地受到歡迎。當他唱完時，整個群衆甚至叫得更大聲：「再來，再唱一次！」他又唱了一次。當他唱完第三次時，這群人叫得甚至更大聲。於是他說：「我也會唱其他歌呀！」那時聽衆中有一個人站起來說：「除非你先把這首歌唱好，否則我們會繼續說：再唱一次、再唱一次。」

那就是發生在生命中的情況：我們被一再、一再又一再地送回來。你會死去，但除非你把這一課學會，否則你將會一直被送回來，而這一課是可以學會的。

11號

在這個世界上只有兩種類型的人：抱怨的人，讚美的人。抱怨的人會維持是痛苦的，因爲他們的心從未敞開過，從未成爲一朶花。他們的方式本身是負面的。他們只會去看事情比較黑暗的那一面，他們從未去看比較光明的一面。他們計算刺，他們從不讚美玫瑰花。

當你開始讚美玫瑰花的美，以及黑暗的謐靜，以及河流湧向大海的喜悅時，在你裡面將會有某些東西開始打開來。你也會開始成長，你再也不是封閉的。讚美變成你和存在之間的橋樑。你變得愈來愈敏感，愈來愈詩意、愈來愈具美感。你的敏感度使你察覺到圍繞在我們周遭無限的美，以及這個深不可測的，沒有開始也沒有結束的，偉大的奧祕。

感覺到我們是這個偉大的奧祕的一部分會創造出很大的歡欣喜悅。出於讚美的祈禱，而喜樂則是祈禱所散發出來的芬芳。

12號

沒有人可以對生命沒有做出任何貢獻而感到喜樂。所以，有很多的人在尋找喜樂，但他們因為一個簡單的原因而失敗，那就是他們沒有創造力。他們不創造任何東西。

在這個世界上有一種喜悅，而且只會有一種喜悅，那就是屬於創造某些東西的喜悅，無論那是什麼都可以：一首詩、一首歌、一點點音樂……無論什麼都可以。但除非你創造出某些東西，否則你將不會感到滿足。只有藉由創造某些東西你才有辦法加入神的存在。神是整體的創造者，而當你創造出一個小東西時，你便是以一個小小的方式變成神的一部分，那是銜接你和神之間的間隙的唯一方式。沒有其他任何的祈禱將會有所幫助，沒有任何的儀式會有任何的意義。他們只是聰明而狡猾的教士發明出來騙人的把戲。

靜心的工作純粹是要使你察覺到你本身的潛力。它不過是在將光帶進你裡面，它將光集中在你內在的本性，好讓你能夠讀到上面的訊息。

13號

人類在他自己內在攜帶著對音樂無比的能力。當我說「人類」時，我指的是每一個人。而當我說「音樂」時，我指的不是普通的音樂。並非是每一個人都可以做一個一般人所認爲的音樂家。只有少數的人擁有那個才能。那是某種天生的、天賦的本能。

我所指的音樂是全然不同的。我指的是內在對和諧的體驗。這遠比任何人所能夠創造出來的音樂都更富音樂性。這是未被創造出來的音樂。不需要任何的樂器、不需任何專業的訓練。對你而言，要聽到它所需的就是一個深深的寧靜。它已經就在那裡了。它就是你的生命本身。禪宗的人將它稱作是單手的掌聲。

在平常的音樂裡，總是需要有兩樣東西，唯有如此聲音才會被創造出來。如果你在彈吉他，那時你必須用你的手去撥琴絃。只有透過經由你的手所創造出來的緊張，琴絃才可以創造出音樂。但我們內在的音樂是某種從一開始就已經是存在在那的東西。它就像是你的心跳一樣，會比那深一點，會比心跳更神祕一點。它是你眞正的心的悸動。

14號

關於意識的探索一直以來都有兩條支流。一個屬於哲學家的方式——西方的亞里斯多德是這條路線的開山鼻祖、始做俑者。另一個是屬於神祕家的方式。那是另一種全然不同的支流。它和哲學的推論完全沒有關係，它根植於存在性的體驗。而且過去幾年總是發生這樣的現象：每當有一個偉大的神祕家出現時，他的跟隨者到最後總是會被分成這兩條支線。

眞正的門徒，那些了解師父，那些眞正愛師父的人會變成神祕家。那些只有了解到師父的文字的人會變得非常的博學多聞，他們變成哲學家。

蘇格拉底是一個神祕家。柏拉圖是他的門徒，但他失去對蘇格拉底的了解而變成一個哲學家，而亞里斯多德是柏拉圖的門徒。

所以從現在這一刻起記得：我的方式是神祕家，而不是哲學家的方式。我相信喜樂，而不是關於喜樂的理論。而且我要你們去品嚐它的滋味，而不只是去想它。一直在思索關於食物的事情是沒有意義的——它不會滋養你。一直在思索關於你的事情是很愚蠢的。爲什麼要去想這麼多？——當河流正在流動時，你可以喝這條河流的水以解渴。但却有一些愚蠢的人站在或坐在河岸上，並思索關於水的事情，做出關於水的理論，找出水的組成元素並且因飢渴而死亡。

所以不要做一個思想家，不要做一個哲學家，做一個神祕家。我的門徒必須做神祕家，存在性的經驗家。這是自我領悟的一部分。

15號

生命應該被視為一首詩，而不是一篇散文。那是宗教的方式，神祕家的方式。祕家會去看看，在他的眼睛裡沒有帶著疑問，他帶著驚奇在看，帶著敬畏在看。他不會思索關於存在的事，他會去感覺它。他會去打開自己的心，而不是去用他的頭。他將心的門戶大開，充滿陽光、讓風以及雨水進來。這是我所說的詩的意思。神祕家在最終的意義而言是一個詩人。他也許沒有寫詩——那是無關緊要的——他活在詩之中，他就是詩。完全忘記有頭這回事。變成沒有頭而是充滿著心的人。生命不會有什麼問題，所有的問題都是頭腦虛構出來的。生命是一個要去經驗的奧祕，而不是一個要被解決的問題。去生活、去享受、與生命歡唱、與生命共舞，與它嬉戲、不要試圖成為哲學、成為詩，那時所有的喜悅將會是你的。你將會有能力達成最終的寶藏，神的國度。它只會為詩人所得。

16號

每一件人類為了解釋神的存在而做出來的事情一直都是具毀滅性的。它們並沒有使世界更具宗教內涵，它們使這個世界更不具宗教內涵，因爲所有這些概念都是如此的薄弱，只能滿足一個傻瓜，如果你稍微有一點聰明才智，那麼就不會有任何的宗教可以滿足你。只要稍微有一點聰明才智——不用太多！——就不會有任何的宗教可以滿足你。所有的宗教都是漏洞百出，而這樣的蠢事居然一直被保存下來。舉例來說，像耶穌基督是處女懷胎所生這種說法……。那是一件非常基本的事情，如果你要做一個基督教徒，你就必須信任它。如果你不相信，那麼你就不是一個眞正的基督教徒。

眞正的神祕家對神一直是保持完全的沉默，因爲眞正的神只有在寧靜中才會被知道。

拋掉所有關於神的想法，變得愈來愈寧靜。有一天它必將會發生：當全然寧靜時，神將會如此寧靜地，如此難以察覺地到來，以至於你會嚇一大跳。你沒有聽到他的腳步聲。這一分鐘他還不在，下一分鐘時他就出現了，你滿溢著他的存在。而後你將不再是相同的人，而這個世界也不再相同。

17 號

當人與存在在一起時他是很強而有力的。每當他不是與存在在一起時，他是絕對的沒有力量，將你自己與存在接上線時，你就會擁有無限的力量；將你自己拔開來，你就只是虛空的。很不幸的，有千千萬萬的人活在從存在中拔開來的生活中，因而人類才會有這麼多的痛苦，這麼多的無力感，這麼多虛無的感覺，這麼多的失敗感。

每個人偶爾都會有一、兩次發現到生命根本就很荒謬的。它似乎是完全無意義的。人會繼續活下去是因爲他對自殺感到害怕，他對死亡感到害怕——他對這個空虛的人生至少是熟悉的。人從未知道在死時及死後將會發生什麼事，所以最好是這樣苟延殘喘地繼續活下去，並期望在未來將會有更好的事情發生。但人們與存在之間的接頭都是切斷的，那是全部的問題所在。

宗教不過意指一種將你自己再度與存在接上線的藝術。那時你將會充滿著力量，而至開始從你身上滿溢而出。你可以分享它，它是無窮無盡的。事實上，你愈是將它給予別人，你就會得到愈多。

18 號

我們活在慾求之中。慾求意味的是不滿足。慾求意味的是無論現在的情況是如何，都不是正確的，都是不夠的，你還需要更多。而欲出絕不會被滿足。就它的本質而言，它就是無法被塡滿的。

你可以照著你的慾望去擁有它想要的東西，但當你如願以償時，慾望又會繼續跳在你前面，開始對你做出更多要求。它的貪婪不知道什麼叫做止境，它是永無止境的貪婪。它像是地平線一樣：看起來很近——如果你用跑的可以在一個小時以內抵達。但你絕對無法抵達地平線。介於你和它之間的距離將會維持不變，永遠不會改變，因爲根本沒有這條線存在，它是一個幻象。地球不會在任何地方與天空交會，它只是看起來好像是存在似的。

慾望也是同樣的情形。它只是看起來好像是如果我可以達到那個點，如果我可以獲得這個或那個，那麼我就會心滿意足，我就會快樂，我就會滿足，但這絕不會發生。

人必須要了解到慾求和它的徒勞而無益。在那個了解中慾求會消失，而這個人會被留下來處在深深的平和中，在家。當沒有慾求時，就沒有騷動不安。慾求是唯一的騷動。

*19*號

我們的慾望是夢，我們所有的思想都是夢。而我們却一直持續不斷地活在夢裡，因爲我們是沉睡的。夢只有在我們沉睡的情況下才會存在，在我們醒來的那一刻，夢會立即消失。當我說走出夢以外時意指的便是覺醒，醒悟過來。

時候已經到了。你已經睡得夠久了，已經很多很多世了。不要錯過這個醒來的機會，因爲這個機會非常難得一見，但要去錯過它是非常容易的事。所以，要將你的整個能量放在覺醒上。

在一開始時，這看起來幾乎是一件不可能的事情——要怎麼做？但如果一個人一直去嘗試……人在睡覺的時候會轉身，但如果這個人一直在翻來覆去的，這就一定會打斷他的睡眠。而只要有一分鐘，對於覺醒的瞥見就足以在你的存在中觸動一個新的過程。如此一來將會有愈來愈多醒悟的片刻發生。在一個人變得百分之百的覺醒的那天，一天二十四小時的，即使在他睡覺的時候也還是保持警覺、覺知的——當身體沉睡時，靈魂從未沉睡過——當一個人有能力保持一天二十四小時，即使當身體在休息的時候也是清醒的時候，那時他應該感到心滿意足。他已經到達了。在那之前，竭盡你的所能去下功夫。不要留下任何一顆石頭沒有被翻開來。

20號

我們是沉睡的，不是以一般的意義而是以一個隱喻性的意義而言。我們不知道我們是誰，我們又怎麼能夠被稱作是淸醒的呢？我們不知道任何最根本的事情。我們知道一大堆雜七雜八的垃圾——我們知道一切關於月亮、太陽以及地球的事，我們上知天文下知地理——但我們却對自己一無所知，我們對那個知道者一無所知——而那應該是任何眞正的教育首要的重點。

基本上你必須去變得覺知到你自己，覺知到你是誰。而且你是有你才能夠做這件事。我可以呼喚你向前走，但你必須去走出來，你必須聚集足夠的勇氣去走出黑暗，走出長達幾世紀的習慣，走出一個長長的、長長的睡眠。

而後當你醒悟時，生命就會是一場歡舞、一支歌、一種祝福、一種喜樂。

21號

身爲人類是一份偉大的禮物，但非常少人領悟到這一點。在這個浩瀚無際的宇宙裡你可能是任何東西——一顆石頭、一顆高麗菜、一粒馬鈴薯……任何東西！沒有任何商量的餘地！無論他是什麼就是什麼了，再也沒有辦法去做什麼了。可憐的馬鈴薯又怎麼辦呢？但非常少人體認到他們是萬物之靈，他們有無窮無盡的潛力可以成長。

身爲人類的優美和壯麗之處在於，只有透過身爲人類，一個人才能夠抵達神。這是第一個基本的要求。沒有其他任何動物有任何的方法可以走向神，只有人——而且甚至不是所有的人。只有那些眞正警覺而覺知的人——那些非常少數的人會在他們自己和神之間創造出一座橋樑。沒有那座橋，生命是無意義，一個偉大的機會可能輕易地被失去。

22號

在朝向神的路上有很多條錯誤的路，但只有一條正確的路。錯誤的路是：一個人可以透過恐懼而走向神。他只會以爲自己是在走向神，但他將絕不會是走向神。那是爲什麼這是錯誤的路的原因所在。如果你是出自恐懼在走，那麼你怎麼可能會是朝向神呢？當你害怕時，你很自然的傾向是要去逃，你會走開，遠離開神，而不是離他更近。所有的宗教一直都在教人要對神心存畏懼，宗教之人被定義成畏懼上帝的人。那眞是荒謬的說法——宗教之人絕不會畏懼神，而是會愛神。

人也會透過貪婪而走向神。那再在又是錯誤的路，因爲貪婪意味著你想要去剝削、利用別人。貪婪意味著你想要透過神去滿足你的某些慾望，神不是你的目標所在。你想要錢，你想要權力，你想要西方極樂世界，你想要享受天堂裡所有的歡愉。而且因爲那只能夠過神而得到，所以你出於強烈的慾求而臣服於神。但神是一個工具，而不是一個目標，而將神貶降成一個工具是很醜陋的事，這簡直是令人作嘔的事。神是最終的目標，再也沒有任何東西超出他之外。

還有很多不勝枚舉、錯誤的路。他們看起來像是路，但它們不是路，他們是牆。愛才是唯一正確的路。

多去愛、深深地去愛，爲了愛而愛，而後你將會訝異於有某些新的東西開始慢慢地在你的周遭發生：你終於感覺到神的在。

23號

每當你處在一個愛的空間時，那是一個充滿著神的空間。一旦你已嘗試到充滿著神的喜悅時，你便會想要一天二十四小時都維持在愛之中。那時愛會變成你自然流露的狀態，而神會變成你內在的體驗。只有能夠愛而前進的人才會到達神。其他的人會一直在錯誤的路上流浪。愛就是我的訊息，但不要黏在「愛」這個字上面，不要用它製造出一種福音。愛是要去經驗的。

24號

一顆充滿著愛、忠實、信任的心正是一個宗教意識的定義。這些品質是必要的。沒有這些品質，人絕對無法覺知到神、覺知到愛、覺知到美、覺知到存在無與倫比的壯麗。

存在是透過心而被知道的，而不是透過頭。心會在深深的愛、信任中接近存在。如果要與存在交流，除此之外別無它路。

這些品質會慢慢地轉變你。它們將你從混亂的懷疑中轉變成絕對確定的知道。他們將你帶出頭腦的混亂而進入心的和諧之中。記住他們。

25號

祈禱並非意味著對神說一些話，要求一些東西，祈禱意味的是傾聽神。如果你必須說些什麼話，那只會是「謝謝你」。或是一個簡單的「是」便已足夠。

但全世界有組織的宗教一直在教導人們不必要的祈禱文。人們像鸚鵡一樣在複誦那些祈禱文。他們已經失去所有的意義，變成純粹的儀式，他們不過是例行公事而已。

你們必須去學習眞正的祈禱。它是由寧靜所組成，由深深的傾聽所組成。神想要對你傳達某些東西。他正在找尋著你，但他從未找到過你，因爲你總是如此的忙碌。成爲寧靜的、愈來愈不被占據，愈來愈敞開，很快地你將會開始聽到內在小小的，平靜的聲音。

神不會從外界對你說話，他從你最內在的核心對你說話，他已經在那了。與你最內在的核心連結就是眞正的祈禱。當你與之連結時……那是如此的喜樂，如此的狂喜，以至你只能在深深的感激之中俯身敬拜。

26號

這個世界充滿著崇拜者。教會、淸眞寺、寺廟中全都充斥了崇拜者，但我不會將他們稱作是崇拜者。他們的崇拜只是儀式性的。他們純粹是在跟隨一個傳統。他們在崇拜象徵物。他們的心並未充益著愛，他們並不是眞的有一種對神的飢渴，他們不過是在表演一種社會的責任。也許他們是變得對這些儀式上癮，如果他們不做就會覺得若有所失一般……

我對儀式沒有興趣。我不會教你們要說什麼特定祈禱詞，要像鸚鵡一樣複誦某個公式，用阿拉伯語、用希伯萊語、用梵語——用某種死的、長久以來被人遺忘的語言。我不教導任何亂語。我只是教導你們去愛這個圍繞在你們周遭的存在的美。那是眞正的崇拜，因爲神是如此的顯而易見，他以一千零一種方式在將他自己給出來——在樹中，在花朵中，在小鳥中，在高山中，在太陽中，在月亮中，在人們身上，在動物身上去感覺他。與其要信仰神，倒不如去感覺存在的美，感覺宇宙的壯觀，充滿著星星的夜晚的壯觀。

如果一個優美的夕陽無法幫助你跪倒在存在面前，那麼將不會有任何的廟宇，任何的教堂可以幫助你。如果一隻布殼鳥遙遠的呼喚對你沒有魔力，那麼你就是死的。那麼崇拜將無法發生在你身上。崇拜只有在當心因生命而悸動不已時才會發生。

27號

絕不要去擔心別人會怎麼樣說你，絕不要去在意這件事。只要記住一件事：「神是我的法官。我是不是能夠面對神？」讓這成爲你整個人生的準則，那時你將不會迷失。……人應該要靠自己的雙脚站起來，而他唯一要考慮的事情就是：無論我在做的是什麼都應該要依據我內在的光。我的意識應該是決定的因素。」那麼神就是你的法官。

28號

神平等的寵愛每一個人。存在中並沒有特例。存在絕對地無偏無私。但那不意味著他是冰冷的。它非常的溫暖，充滿著愛、保護、關心。但我們沒有對他的溫暖敞開，我們是封閉的。

問題在於我們身上，而不是存在。因此數千年來神祕家的整個努力一直都只有一個重點：就是要幫助人們將自己打開來，好讓他們可以與星星、與白雲、與太陽、與月亮交流——因爲這一切的一切就是神。除了這個存在以外沒有其他的神。但除非你是敞開的，毫無恐懼的敞開，否則你將絕不會察覺到你錯過了些什麼。你錯過生命，你錯過愛，你錯過眞理。

聚集勇氣，並讓自己對所有的美、喜樂和祝福敞開。這一切都是你的。只要做出這個請求，它就是你的。

29號

教士在幾世紀以來對人做出這麼多的譴責，以至於每一個人都覺得是受到別人的拒絕，每一個人都覺得：「我只是垃圾一個。」慢慢地教士已經毀掉所有的自我尊重。他們已經在每個人身上創造出分裂：受到譴責的部分和譴責者。

他們稱呼譴責者是你的道德，而稱呼受到譴責的部分是本能。這個分裂讓你和你自己保持在一個持續的爭吵、不和諧中。你是你自己的阻礙物，在這種情況下你決不可能知道存在。

第一課是要以你所是的樣子愛你自己，因爲存在以你所是的樣子在愛你。那並非意味著你必須永遠維持不變。事實上，這是走向蛻變的第一步：如果你愛你自己，你將會有能力更快、更迅速的成長。

30號

神總是與我們在一起。問題出在我們這一邊，我們不是與它在一起。如果神沒有與我們在一起，我們甚至無法存在一分鐘。他是我們的生命，他在我們身上呼吸、他在我們的心裡敲打著，他就是我們的意識。他總是與我們同在，但我們並非總是與他同在。

當我們與他同在時，一個基進的改變於焉發生。那時你變得覺知到這首生命之歌的意義與重要性。那時你變得覺知到你曾經被賦予多少東西，你曾經被給予多少東西。那時你將會感到一股很大的感激，而那個感激是宗教最本質的核心，宗教的靈魂本身。其它的東西都是儀式，感覺到這份感激就是具有宗教內涵。

31號

這是存在的法則：眞理無法被征服，但可以被邀請。人必須成爲只是等待著這個最終的客人的主人。這就是我所謂的靜心：它不過是在讓你免於所有的垃圾，讓你完全空掉，於是你會變得有很多空間，具接受性、敏感，脆弱、開放。所有這些品質將會使你熱情地去邀請——一個對未知的邀請，一個對那無以名之的邀請，一個對那將會使你的生命具有價值意義的邀請，否則生命不過是一場徒勞而無益的運動會。但一個人無法做得比那更多；只是邀請與等待。那就是我所說的祈禱。在深深的信任中邀請並等待，信任它將會發生。而它將會發生，它一直都在發生！這是存在最終的法則。

六月

你是廣大無垠的天空

1 號

覺知是唯一重要的事情。而人們却迷失在無關緊要的小事上面。他們已經變得對重要的事情視而不見。卻準備爲了無關緊要的小事而出賣那個最重要的。那就是每一個人如何爲了無關緊要的東西而出賣他們的靈魂，那就是每一個人如何出賣他的靈魂而變成沒有靈魂的。

2 號

人必須成爲他自己的燈。丟掉整個你可以從經典上找到指引，以及知識是可以借得到的想法。那是靈性的找尋上最大的障礙之一。沒有任何來自外界的東西是需要的。神已經提供給你一切你在這個旅程上將會需要的東西。你得要在你自己裡面找尋：光就在那裡，而且只有你自己內在的光才能夠幫助你分辨對錯，能夠幫助你不致迷失方向，能夠幫助你總是朝向存在在前進。那些依賴別人的人只不過是在浪費他們的機會，我在此的努力是要引導你，而不是要給你指示，不是要給你某種性格的型態、架構、模式，而只是要幫助你成爲你自己。

3號

夢想可以成眞，所有的夢想都可以成眞。那個最終的夢想，要成爲充滿喜樂的夢想，是這麼的貼近，以至於人們怎麼會一直錯失掉它，這實在是一件非常奇怪的事。它就是伸手可得，而且是每一個人都伸手可得。它就在那，你只是必須稍微去摸索一下。

但人們不去摸索，或者如果他們眞的做了，他們也是在錯誤的方向上摸索，所以他們的生命保持是不滿足的。活在一個未曾被滿足的人生中是一種痛苦的折磨，是一個地獄，那就是地獄的樣子。它不是某個地理上的位置，它是一種不滿足的心理狀態。當滿足存在時，天堂便會存在。

4號

我們全都懸吊在自己的頭上。那是我們唯一的問題，而這只有一個方法可以解決：從頭下降到心，而後所有的問題便會自動消失。它們是被頭腦製造出來的。頓時間，每一件事情變得如此的清楚而透徹，人將會訝異於自己如何持續不斷地在製造問題。奧祕繼續存在，但問題消失了。奧祕充溢著，但問題蒸發了。這奧祕優美如斯，它們不是要被解決，而是要被經歷。

5號

我們費盡了千辛萬難在維持痛苦。人們看不到這一點。當他們看見時，將會笑這整件他們一直在對自己所做的事情的荒謬。他們眞的是大費周張，以每一種可能的方式在創造痛苦。他們不會失去任何一個機會，他們撲向任何能夠使他們痛苦不堪的事情上。這個方式必須被改變。而生命會給予你們兩種機會。它給你白天，也給你黑夜，它給你玫瑰花刺和玫瑰花——它給你兩種機會。而它總是會去平衡，它總是維持在五十對五十的平衡上，它視你的選擇而定。

而不可思議的是，如果你選擇玫瑰花刺，遲早你將會發現到世界上沒有玫瑰花存在，因爲你的頭腦將會變得只習慣於玫瑰花刺的存在。你將會看到刺，而略過玫瑰花，你將會對他們毫不在意。而同樣的情形也會發生在那些選擇花朵的人身上：他開始忘掉玫瑰花刺，他對它們毫不在意。他的方式變得如此的正面與積極，他的整個計算方式是不同的。

6號

伸手去開任何的門……你可以試著伸手去開平和之門，而喜樂將會到來，愛將會到來，慈悲將會到來，以及一個對他人無比的了解性也將到來，原諒將會到來，一個很大的謙虛、謙遜，無我，誠實、眞誠、眞實性；他們全都會開花。只要從任何一個方向到達，試著從愛到達，或是試著從慈悲到達都可以，有很多道門可以通往神的廟堂。但是在每一扇門面前，你都會需要同樣的鑰匙去打開它——那就是靜心，那就是覺知。

耶穌、佛陀、克里虛那、穆罕默德、老子和查拉圖斯特拉全都在他們的核心處相會。這些門是如許地相異於彼此。但隨著他們進入內在的同時，他們便立刻知道所有的門都是一樣的。而最令人不可思議的是，他們全都是使用同樣的鑰匙。這些門是不同的，這些鎖的外形是不同的，他們開往的方向是不同的，但他們所使用的是一樣的鑰匙。

耶穌曾經一再一再地告訴他的門徒：「注意。」注意意味的是成爲覺知的、警覺的。佛陀持續不斷地告訴他的門徒，日復一日，年復一年……四十二年的時間裡，他就是在教導一個東西：正念，這是覺知的另外一個名字。克里虛那穆提則單只是稱它「覺知」。戈齊福通常將它稱作「記得自己」，那是一個蘇菲字眼。卡比兒則單只是稱它是斯馬提(Smarti)，記得。不需要將它稱作是記得自己，因爲當你處在一種記得的狀態中時自然會是自己在記得，你的中心在記得。這些是不同的字眼，但他們都用來指涉同樣的鑰匙。

7號

一個沒有覺知到他自己的人會是一個乞丐。而一個覺知到他自己的人則會是最偉大的國王，因爲當你覺知到自己的那一刻時，整個神的國度都是你的。它已經被送到你了，只是你還在沉睡，它就在那，但你沒有在看它，你眼睛的視線集中在外界。

8號

社會眞的想要讓你們成爲死的，而不是活的。它的整個努力在於如何扼殺住你們的生命力，而却仍然可以將你們作爲一種很有效率的機器在使用。而社會已經成功地作到這一點了：它已經毀掉那個活生生的生命力，而代之以機械化的效率。它的整個興趣在於保護它的既得利益，即使是以生命做爲代價也在所不惜。它的興趣比較是在妥協而不是人類的成長。因此社會一直在宣揚人們要成爲平和的，成爲服從的，成爲不會製造麻煩的人，它將平和稱讚得好像它是某種神聖的，某種具有最終價值的品德。

但是有一個愚昧的人才會以這種方式變成平和的，如果這個人看不到他爲這個根本完全不值得的死的和平而付出的代價，他正在因此而失去自由，他的聰明機智，他的喜悅，他的愛，他整個冒險犯難的品質。他的整個本性因此而失去了。他變成一個夾在輪子裡、隨處可得的齒輪，一個可以替換的部分。如果A死掉了可以用B代替，如果B死掉了可以用D或C代替，因爲他們不是獨立的個體，他們只是國家機器中的一個齒輪。而所有宗教的企圖都在於此。教士和政客共同謀殺掉人類。

有少數的人反叛這個現象，這些少數的人會知道要去叛逆是一件好事，但他們隨即掉入另一種極端。他們拋棄整個平和的概念，將之視爲無用，沒有價值，視爲社會用以宰治人們的政治策略，而他們並不準備被任何人所宰治。他們選擇要成爲喜樂的、喜悅的。但一個沒有平和的喜樂是一個發燒的狀態；它是一種會令人疲倦的興奮，而且它最終也不會令人滿意。但這也不是人類唯一的選擇，這只是和平的反極。

我在此的努力是要創造出一個更高的結合，在這個結合中，平和和喜樂會是一體的兩面。在那時會有一個無比優美的現象發生：你擁有喜樂，但你不是發熱的，而你也擁有平和，但你不是冰冷的。而是不偏不倚正好在中間——溫暖和冷淡兩者——和冷冰比較之下是冷淡，和發熱比較之下是溫暖。但它是兩者的結合：它是充滿平和的喜樂或是充滿喜樂的平和。

在那時你的存在是完整的，你根植於完整之中。知道它就是知道存在。知道它就是知道全部的一切。

9號

我們並沒有覺知到我們是多麼的珍貴，我們並沒有覺知到我們在內在所攜帶之無窮無盡的寶藏，而且因爲我們沒有察覺到這份內在的寶藏，因此我們一直在慾求一些無關緊要的小東西，爲一些世俗的事情而爭吵、鬥爭，爲一些瑣碎的小事而競爭。當你變得覺知到你內在的美時，所有這些在外在的抗爭於焉消失。生活變成平和而冷靜的。生活達到一種優雅的狀態。這個人再也不會對不重要的事情有興趣。

*10*號

覺知是探索鍊金術的人一直在找尋的仙丹妙藥，瓊漿玉液，它是那個能夠幫助人成爲永恆不朽的奇妙公式。

事實上，每一個人都是不朽的，但我們住在一個會腐朽的身體裡，而我們是如此的貼近於這個身體而至於升起對它的認同。沒有一個距離可以讓我們去看到身體和我們是分開的。我們是如此的浸紮於這個身體，根植於這個身體，以至於我們開始感覺我們是這個身體——問題於焉升起：我們開始會害怕死亡，於是所有的恐懼、所有的惡夢便尾隨而至。

覺知能夠在你和你的身體之間創造出一個距離。它能夠使你提高警覺，注意到你自己的身體和思維兩者，因爲身體和思維並不是分開的。身體思維是一個實體，而思維是身體的內在部分。當你變得覺知到身體思維時，你會即刻知道你是和兩者分開的，於是對它的距離感便會開始發生。那時你會知道你不會隨身體而腐朽，你不是時間的一部分，你是永恆的一部分。你知道對你而言沒有生，也沒有死，你一直都在這裡，而且也將永遠都在這裡。你因為有太多的慾求而曾經待在很多身體裡過。

每一個慾望都會將你帶回到身體裡，因為如果沒有一個身體就不會有任何的慾望能夠被滿足。如果有一個人非常執迷於食物時，他將會需要一個身體；如果沒有身體你不可能享受食物——靈魂對吃的事情一無所知。所以一個對食物太過貪求無饜的人必定會再度回到身體。

*11*號

生命充盈著神聖的光輝，但我們卻對此毫無意識。我們是如此深深地沉睡而至一直對他所散發出來的光輝視而不見。這是超出我們所能想像的，最完美的、最優美的，最壯麗的存在。它好的再也不能更好了，但我們却是沉睡的，因此我們無法與它有任何的連結。

這就好像說，現在正是春暖花開的時節，鳥兒正在歌唱，風穿梭在樹林中舞蹈著……他們在你的周圍創造出一幅優美的景致……但你却不會看到這些花，以及他們絢麗的色彩。你不會看到樹和風的歡舞。你甚至不會知道自己正身處在一個花園之中！你和春天沒有連結。你被封閉在自己裡面。你也許正在作惡夢，而且也許正在你的夢中痛苦不堪，你也許正在尖叫，哭泣並且流淚。但這和圍繞在你身邊的眞實世界一點關係也沒有。

這確實就是發生在人身上的情況。存在總是在百花齊放的春天裡，但你必須醒來才會知道，才會感覺到，才會生活在其中。一旦你嚐到圍繞在你周遭喜悅的滋味時，你就會富有著宗教內涵，因爲那時將會有無限的感激以及祈禱從你的內在升起。

12號

將你所有的能量放進一個努力上面：那就是如何成爲更有覺知的。如果一個人將他全部的能量放進覺知中時，覺知必然發生，這是我們與生俱來的權利。但人不應該半心半意，它不可能馬馬虎虎地發生，它唯有在當你百分之百的投入時才會發生，當你沒有任何的遲縮、猶豫，當你已經將你所有的牌打出來，包括王牌也是，你不再隱藏任何東西。當你讓自己完全孤注一擲時，它會立刻發生。那個發生是一個偉大的革命。它將你從最低蛻變成最高，從粗鈍蛻變成精微，從有形蛻變成無形，它將你從思維帶到無思的狀態。

生活在無思的狀態中就是成爲有智慧的。從無思的狀態中去行動就是從智慧之中去行動。那時你的生命將會有一種優美、優雅、神性在內。那時無論你做什麼都會是正確的。絕對錯不了。不可能會錯，因爲那時你如此地充滿著光、充滿著洞見，你的視野是如此的清晰透徹，你不可能會作錯。對會自行發生。你不需要去培養任何的德行，只要意識便已足夠，德行將會如影子般跟隨而來。

13號

知道自己就是知道一切。這是我唯一強調的事情：沒有信仰，沒有教條，沒有信條，沒有教會，沒有宗教。僅只是藉由一個觀察內在之活動的過程你就會了解自己。當你知道你是誰時，你將即刻知道整個存在以及生命本身最重要的核心，因爲你就是它的一部分。

14號

生命可以只是一堆散置的花，但它也可以被蛻變成一個花圈。你的生命只是一堆散亂的花，他不是一個有機的統一體，它只是一個群衆，有很多的自己，有很多的我，所有的我都在鬥爭、對抗要取得優先權。人活在一種持續不斷、內在的戰爭之中，每一個自己都試著要將你拉到不同的方向去。你總是被這些不同的我拉扯成碎片。

生命可以以一種全然不同的方式去活。那些分開的花向以用一條線被串連起來，藉著那條會穿透過所有的花的線，藉著一種方向感，藉著覺知，藉著成爲更加有意識的，生命將不再會是一個意外事件，不再會是一個烏合之衆，你將開始擁有一個整合的存在。你愈是結晶起來成爲整合的，就可能會有愈多的喜悅。你有多少接受喜樂的能力將會視你的整合度而定。一個總是在矛盾、三心二意的人將會維持在痛苦的折磨中，而一個整合的人將會達成喜樂。

由於這條線的存在，所以你才能夠將你的生命中所有的花朶串連在一種一體的狀態中，所以生命才會變成不只是一堆噪音而是一首交響曲，如此一來便會有無比的美，無比的喜樂發生。

*15*號

一顆謙虛的心是一個在找尋眞理的人身上最大的美德。只有那些謙虛的人才能夠知道眞理。自以爲是的人會被限制在外，因爲自我本身會變成一道牆將你阻隔在存在之外。

自我意味著你以爲自己與整體是分開的。而你不是！我們都不是孤島，沒有任何人是一座孤島。我們是一個無邊無際的大陸的一部分。

自我給予我們一種錯誤的感覺以爲自己是分開的，而由於這個錯誤的分開的感覺，我們慢慢地變成封閉在自己裡面，我們變得太過自我意識、自我中心，完全對這個世界封閉起，對太陽、對月亮、對風、對雨封閉起來。我們變得作繭自縛，那是一種活的死亡。我們開始在身上攜帶著自己的墳墓。是一個無形的墳墓，但它終究還是一個墳墓。

16號

我們是如此的渺小，因爲我們執著於自我，我們的渺小是由於我們對自我的執著而造成的。自我是一個非常渺小的現象，而我們居然會愚蠢到一直執著於它，一心一意的以爲它是無價的。自我是唯一的障礙，它是阻礙我們的生命，使之無法顯現出它的壯麗光輝與價值意義的唯一原因。它是一堵圍繞在你身上很微妙的牆，它不允許你與整體有一絲的交流，一旦自我被拋棄後，你就會開始感覺到與樹、與月亮、與太陽、與星星、與人們是一體的。頓時間所有的阻礙消失，頓時間你不再是一顆露珠而已，你的界限消失了，你變成無限。那就是經驗到神。

17號

生命本身的實相是無限的、無窮無盡的。它並非只侷限在身體上，也不是侷限在思維上。它根本是侷限不住的，它是海洋般的存在，即使是海洋也有極限，但生命根本就沒有任何的極限，它沒有開始也沒有結束。

但我們已經變得太過認同於身體和思維。我們已經完全忘記這並不是我們的實相。身體只是一個旅店，我們曾經住過很多的身體裡面，你是一個行旅者，一個朝聖之旅，你是生命、與意識。你一直在從一個身體前進到另一個身體，從一個頭腦到另一個頭腦，從一個形式到另一個形式。當我們體認到我們是無形的時候，那將會是一個偉大的日子。那是實相水落石出的一天。在那之後我們將絕不再是一樣。在那之後，我們將會成爲神的一部分，而神成爲我們的一部分。

18號

人類像是一顆露珠。存在像是海洋，而我們却試著要讓自己與存在分隔開來，那是我們痛苦的根本原因。我們只需要做一件事情便可以讓痛苦消失：跳進大海裡，好讓露珠消失進入大海。它並非眞的消失，它只是失去它那個小小的界限，它變成大海般的存在，它變成大海本身。但是，就某個意義上而言，它的確是消失了。你再也找不到它，它失去對過去的認同，過去的門牌、地址。它已經變成這個浩瀚廣大的存在的一部分，因此再也不可能找得到它了，它再也不會是顯目突出的。那就是我們在害怕的事情。那也是我們一直在將自己自絕於大海之外的原因所在。當你進入那最終的而死亡時，那是人的一生中最偉大的日天。那不是死亡，那是復活。時間死亡了，永恆誕生。有限死亡了，無限誕生。渺小死亡了，但偉大誕生。這眞的是値得嘗試的滋味。

19號

就如同河流消融進入大海般，讓你消融進入那神聖的之中。不要將你視做與存在分開。愈來愈去試著讓你與存在相會、交溶。我們一直堅信自己是分離的，那是唯一非宗教的行爲：強調分隔、分離。去強調合一就是宗教。這個強調必須成爲一個有意識的努力。

看到日落時，讓自己溶解進入它。不要只是一個觀察者，讓觀察者和被觀察者合而爲一。慢慢地你將會學到它的竅門所在。那時當你坐在一顆樹的旁邊時，你將會與樹有很深的合而爲一的感覺。這些小小的體驗到最後將能夠引領你去感覺與整體的合一，而那個體驗就是神。

20號

記得「我是誰」意味的是記得「我是天空」。所有發生在人一生中的經驗都像是渺小的浮雲般，他們來了又去，他們不值得你投注大量的注意力在上面。不必將他們放在心上。讓這成爲你的靜心。永遠要記得你是天空，無垠的天空，沒有任何浮雲能夠改變你的實相。雖說你不曾邀請過痛苦，但你邀請歡愉，而歡愉與痛苦是同樣一個現象的兩種形式。邀請一個，另外一個就會過來。他們不可能分開，他們總是在一起。

當你停止邀請他們時，這些客人會開始消失。很快地將會有一刻到來，那時你保持是無雲的天空，那就是佛陀所說的涅槃，而耶穌將它稱作神的國度。

21號

靜心是生命眞正的起點。第一次的出生並不是生命的起點。第一次的出生只是一個去生活的機會的起點。第一次的出生只是讓你有一個變得活生生的潛力，但這還不是實質的活生生。那個潛力必須被蛻變成實質的存在，唯有那時你才會變得眞正是活生生的。而靜心是那個將潛力蛻變成事實，將種子蛻變成花朵的藝術。人透過靜心而達到第二次的誕生。

隨著第一次的出生是孩子的誕生。隨著第二次的出生，則是靈魂的誕生。唯有當我們知道自己是一個靈魂時我們的生命才會滿足，否則它將純粹是一種虛擲和浪費。種子維持是一顆種子，它從未發芽過，從未變成一棵樹過，從未變成一朵花過。沒有人曾經在他的樹蔭下休息過，沒有鳥兒曾經過來拜訪過它，沒有風曾經在他身邊飛舞過，他沒有和雲、和太陽、和月亮、和星星聊天過。種子無法和存在溝通、交流。它是封閉的，被壓縮在自己裡面。

靜心能夠將你打開來。靜心不過是在許多的層面上將你打開來，好你看到存在所有的一切：存在的美，風的歌聲，雲的自由自在，所有圍繞在你身邊的奧祕，所有內在和外在的一切。

22號

人們以一種非常粗魯的方式在生活，他們帶著憤怒，帶著嫉妒，帶著占有慾，帶著自我。一個人應該要將所有這些粗鈍的要素從他的存在中移走開，因爲他們毀掉了這麼多的能量，浪費了這麼多的機會。所有這些能量都應該要被轉化成爲歌、成爲喜悅、成爲愛、成爲平和。那時生命將會變成一首詩。那時存在將會是一個純然的喜悅。

那時只是存在著便已比所求的更多，只是去呼吸便足以證明神存在，因爲每一個呼吸都會帶來這麼多的狂喜。生命將會變得如許地和諧而富於旋律，這麼歡愉的舞蹈以至於人無法相信這會是可能的。人只有在當它發生時才會相信。

23號

自我是唯一的問題，它會創造出一千零一個問題。它創造出貪婪，創造出憤怒，創造出性慾，創造出嫉妒，以及。而後人們便一直在與憤怒、貪婪、性慾對抗，但這只是徒勞而無功。因爲除非你切斷它的根，否則新的枝葉就會不斷地冒出來。你可以一直去修剪那些枝枝葉葉，但那將是於事無補。事實上，樹木藉著你的修剪將會變得愈來愈茂密。它的枝葉將會變得愈來愈濃。這棵樹將會變得愈來愈強壯。

我要堅決強調：不要和那個表面上的症狀對抗，走到事件發生的最根源處，而所有的這一切不過都只有一個起因——那就是自我。

如果你可以學習到只是成爲沒有自我的，成爲好像不存在似的存在，成爲一個無名小卒，一個無人、無物，那麼你就是已經達成那最終的存在了。沒有比那更高的目標了。這可以輕易地被做到，因爲自我是一個虛幻的現象，所以它可以被丟棄掉。它不是一個眞實的東西，它是想像出來的，它是一個影子。如果你一直相信它存在，它就存在。如果你可以深入地去看它，那麼你根本就不會找到它。

靜心不過意味著深入你的內在去探尋自我，搜尋你存在的每一個角落去看看它躲在那裡，它是不會在任何地方被找到的。當它在任何地方被找到時，它頓時就會結束，而你將再度重新誕生。

24號

不存在是要眞正地存在的唯一方式。所以，我無法苟同莎士比亞所說的：存在或是不存在，這是一個問題。這根本構不成一個問題，因爲不存在是存在的唯一方式！當你以一個自我消失時，你會變得如此的寬廣，你會開始經驗到某種大海般，無邊無際的狂喜。

但我們已經太過依戀於頭腦，頭腦是一個非常微小的東西，一部非常小的生物電腦。

而我們依戀於身體、太過認同於它。身體只是一間小小的茅屋，住過裡面，維持它的清潔，維持它的優美。使用你的生物電腦，就好像一個人應該小心照顧機器般的照顧它——而它的確就是一部非常精緻而巧妙的機器——但不要變得與這些東西認同。這就好像是一個司機變得與他的車子認同般。當然，他的確是在車子上，在車子裡面，但他並不是車子。那確實就是發生在我們身上的情況：我們已經變得認同於我們所住的機器。而這個認同創造出自我的概念：「我是我的身體，我是我的頭腦，我是基督教徒，我是印度教徒，我是白人，我是黑人，我是這個，我是那個……。」所有這些東西其實都不過是認同罷了。靜心意味的是變成無所認同的，只是一個記得：「我只是意識，一個警覺的看，一個覺知，一個觀照。」在那個觀照中自我將會溶解，而自我的溶解是最偉大的革命；突然間，你從一個渺小的、醜陋的世界被轉換進入那浩瀚而優美的世界，從時間的向度轉換到永恆的向度，從死亡到不朽。

25號

生命中最偉大的奧祕之一是，我們生而在我們的本性中擁有完美無缺的喜樂，但我們却一直在做一個乞丐，因爲我們從未審視過我們自己的內在。我們理所當然地認爲自己已經知道一切蘊藏在自己裡面的東西。那是一個非常愚蠢的想法，但這個想法却廣及全世界。我們已經準備好爲尋找和追求喜樂而登上月球，但我們却還沒準備好進入自己的內在，只因爲我們在還未進入之前就已經有一個先入爲主的想法，認爲：「在我裡面會有什麼東西？」

我們不知怎麼地一直在攜帶著這個概念，認爲我們知道自己。我們根本完全不知道自己。

蘇格拉底說：「知道自已。」時眞的是說對了。所有的聖人的整個智慧都被濃縮在這四個字裡，因爲在知道自己的同時，所有的一切就被知道了，所有的一切就被滿足了，而且所有的一切就被達成了。

26號

沙特有一句非常有名的說法：「別人是地獄。」那幾乎是除了少數的佛以外，世界上每一個人的想法：「別人是地獄。」雖然這是千百萬人的經驗，但我依然無法苟同他的說法。這句話看起來絕對錯不了，但情況並非如此，完全不是，一絲一毫的眞理也沒有。原因一直都是出在你身上，你可以是地獄，你可以是天堂——原因一直都是出在你身上，這是你的決定。天堂並不在其他地方，就如同你創造出你的地獄般的，你也必須去創造天堂。這是一種心理上的狀態。一旦你知道你才是創造者時，將會有很大的解放。如果別人必須負責任，那麼你不是自由的；你將總是處在枷鎖之中，因爲別人總是會爲你製造出地獄或是爲你製造出天堂。你以這兩種方式在依賴別人，而沒有人會喜歡依賴別人。

27號

人類無意識地在活，他一直在做事情的原因是因爲別人也在做這些事情。他一直在跟隨、模仿別人。他並沒有很確切地意識到他爲什麼在做這些事情，他甚至並沒有意識到他是誰。當一個人沒有意識到他是誰時，他要從何處來，他將要到那去，以及爲了什麼而去時，你又能對他期望什麼呢？

這些問題是那些只有透過靜心才能夠被解決的根本問題。沒有任何的哲學能夠幫助你解決這些疑問。哲學會給你很多很多的回答，但所有這些回答都是假設性的，而且如果你細細地深思，那麼你永遠都可以找到很多的漏洞，很多的錯誤。靜心是存在式的，而不是哲學式的。它能夠幫助你變得如何地富於覺知而讓你遇見你自己。

眞理是一種揭露的過程，而不是一種思想的結論——一個在靜心中揭露而出的過程，而不是透過靜心達到的結論。

28號

純淨的心是要讓喜樂發生的一個基本條件，但我所說的純粹並不是指某種道德上的無瑕，我所說的純淨意指的是天眞。道德家從不是天眞的，他非常的工於心計。他的道德其實不過是他的算計。他在和神討價還價，他要贏得美德，好讓自己可以到達天堂、以及天堂裡的歡愉和喜悅。他眞的是非常的狡猾，他的道德是根植於他的數學計算法。他不是天眞的人，沒有任何的道德家是天眞的。

有的時候會有這種情況發生，就是一個不道德的人會比所謂的道德家更天眞無邪。不道德的人會成爲不道德的也許只是因爲他沒有對自己的人生精打細算過。他就只是生活，而沒有帶著任何關於結果會是如何的想法。他也許會是簡單的人，但道德家却決不可能是簡單的人，他是非常複雜的人。所謂的聖人是最複雜的、狡猾、工於算計的人。你無法在他們的存在裡找到小孩子的天眞——而那就是純淨。小孩子既不會覺知到善，而不會覺知到惡，那是他的天眞之處。再度超越過善和惡就是純淨，心的純淨。對二分性的超越就是純淨。道德家會選擇；而一顆純淨的心會自發性地活著而無所選擇。他活在一種無選擇的方式中；完全地警覺、覺知，但絕對地無選擇，對外界的情況敞開、反應——但不是出於他的計算。而那就是喜樂將會開始傾倒而入的基礎空間。

29號

純淨發生在當你活在一種無選擇的覺知當中時：當你不去顧慮事情的好或壞，當你根本不會去分別，當你將每一件事情視為神聖的而去接受，當分別已經被抛棄時，當你只看到一。即使在魔鬼身上，你也看到神，即使在黑暗也看到光，即使在死亡中，也看到永恆的生命。當平常將事物視為二分的方式被抛掉時，你將會變成純淨的，因為那時將不會有任何事情可以汚染你。那是意識最終的狀態。

我們必須去超越所有的二分性：道德——不道德，好——壞，生——死，夏天——冬天。人必須去超越所有的一切才會看到「一」。他會在這麼多千百萬的形式中看到一，無論「一」是在什麼地方，以什麼形式去展現出來，他都有辦法認出「一」。

這是可能的，所有需要做的就是稍許的努力去變得更覺醒，稍許的努力成為覺知的以及無選擇的；只要坐在自己裡面，看著思維，不去選擇任何東西。思維的交通經過，你不關心的、冷漠的坐在一旁。慢慢慢慢地會有一種純淨開始降臨在你身上。那個純淨就是解脫。

*30*號

學習覺知，對你在做的每一件事情，以及正在你的腦海裡進行的東西，在你的心裡走動的每一件事變得愈來愈警覺，對所有這三層成為覺知的：身體、頭腦、心——動作、思維、感覺。要對所有這些面向成為覺知的，慢慢地覺知將會開始安定下來，而那第四的便會在你內在誕生，當那第四的誕生時，神便已穿透你了。那第四的是你的靈魂、你最內在的核心。它的揭露而出顯示出，你不曾出生過，而你也將不會死去，你是永恆的一部分。

感覺到永恆本身竟是如此的狂喜，以至於你的整個感知將會為之改變。這還是相同的世界，但卻再也不同了，因為你再也不同了。耶穌一再一再地說：「除非你再度像一個小孩子般，否則你將無法進入神的國度。」但那並非意味著孩子們都是在神的國度，否則他們將不會失去它，誰會為了凡俗的東西而失去神的世界、神的國度呢？他們並未置身於其中，他們並未察覺到它，因此耶穌會強調是：那些像小孩子的人。記得「像」

這個字；他不是說那些小孩子，他是說那些像小孩子的人。有一件事是確定的，他們不是小孩子，他們是像小孩子一樣。

那就是聖人的定義：他達到第二次的童年。而那就是成爲門徒的意義——第二次童年的誕生，這一次是帶著覺知而生的。第一次是沒有覺知的，因此你失去它，但當你帶著覺知時，它不可能會被失去。

31 號

眞正的神祕家不是一個禁欲苦行的人，不是自我虐待的人。他熱愛生命，享受生命，因爲生命其實就是神的其現。一個眞正的神祕家充滿著歌。他說的每一個字都是一首歌。如果你對他有正確的了解，那麼他的每一個動作都是一支舞，他的每一個姿態都是一個慶祝。

這種發生只會來自於意識最終的狀態。當你已經觸碰到那最高的頂峰，當再也沒有超出這之外的——當每一件東西都已被拋在腦後，身體業也如此相隔遙遠，遠在山谷之下，頭腦也被留在半途上的某個地方，而你只是純粹的意識，沒有任何的客體，只是純粹的主體——那被稱作是三摩地（Smadhi）。在那時將會有千萬首的歌開始從你的存在中升起，將會有千萬支的花朵綻放。而且除非是這個發生，否則人不會感到心滿意足，人不會感到滿足，而且人也不應該在這發生之前滿足。

人應該在他的心裡面帶著一個神聖的不滿足感……人應該變成一個強烈的渴望，渴望去達到三摩地，達到超意識。這可以發生在每一個人身上。這是每一個人天生的權利，我們只是必須去聲明要求它。

七月
心是靈魂的伊甸園

1號

對於一個達到最終的眞理的人，他怎麼可能說謊呢？要爲了什麼而說謊？他不需要爲了得到任何東西而說謊。一個已經知道眞理的人再也不會對平常世俗在追求的東西有興趣，他已經知道某種比金錢所能夠給予的，權力能夠給予的，名利地位所能給予的更高的東西。他的整個生命經歷過一個奇蹟式的蛻變。

那把打開奇蹟世界之門的鑰匙就是喜樂。成爲無比歡欣的，讓你的心歌唱、讓你的身體舞蹈、讓你的生活變得愈來愈是一個慶祝。

2號

人，就如他所存在幾世紀以來的樣子而去——一般人、普通人、羣衆、尋常百姓——他是機械化的。人唯有透過意識才有辦法步出這個機械性之外。而那才是眞正的誕生，那時你成爲第二度誕生的人。透過你的父母親，你只是被賦予一個生理上的誕生，而不是一個靈性上的誕生。

靈性上的誕生只有透過師父才有可能發生……伴隨著師父將會有一個全然不同的旅程展開。你被賦予一個誕生，一個新的誕生，一個新的面向：靈性的面向。而這是非常有意識地，在深思熟慮之下賦予給你的誕生。

師父在門徒身上的整個工作是要帶他到達某種對他自己，對他的存在的意識。非常少人曾經達到他們靈性上的自己——只有那些做到的人才是眞正的人類。每一個人都有這個潛力，但人們從未在此下過功夫，所以它維持只是一個潛力，而這個潛力却被人們失去了。

它可以變成一個事實。所以從現在開始提醒自己注意到，你的整個人生將會努力專注在變得愈來愈有意識上面。當對意識的瞥見開始在你內在升起時，你將會大吃一驚：喜樂會跟隨著每一個片刻的意識而到來，隨著意識進入得愈深，喜樂也會進入得愈深。喜樂是一個結果，是成爲有意識的一個衍生物。

3號

當我們來到這個世界上的時候，是絕對地純淨而天眞，絕對地清楚、透徹的，但隨後這個世界會開始在我們的意識上銘刻印記，開始制約住我們。它會汚染每一個人，毒害、窄化每一個人。在一個孩子成熟到可以獨立思考前，這個世界便已將他毀掉。他已經是一個殘廢、痲痺、失去行動能力的人了。這個世界已經成功地教會他使用拐杖，他已經忘記去使用他自己的洞察力。他無法靠他自己的雙脚站立，拐杖已經使他變得依賴了。

這是發生在人類身上最大的一宗陰謀，就是使每一個人成爲一個廢人——靈性上而非身體上的廢人。而他們所使用的策略是給你一個頭腦，好讓你的意識變得被覆蓋在思想、慾望、野心、自我、意識型態、宗教、政治之下，有一千零一件東西在你的頭腦裡，它們被一層又一層地被覆蓋上去。你如同鏡子般的意識悄然消失，而後你就會活在一個沒有尊嚴的人生裡，一個毫無優雅、美感可言的人生，一個盲目的人生裡，一個完全依賴的人生。你唯一要做的事情就是要脫去這個社會加諸在你身上的東西。所以，我不教導純潔無暇、我不教導道德——那全都是無意義的廢話。我只教導靜心，好讓你們能夠免於頭腦。頭腦屬於社會而靜心屬於你。有了靜心，你是絕對自由的，霎時間，你會開始發掘你本然的寶藏。如此一來，這個充滿著喜悅、美、歌、慶祝的偉大的朝聖之旅便會於焉展開。而這是一個沒有結束的過程。它將給你屬於永恆的洞見，他將使你確切地知道你是不會消亡的的。

4號

社會需要每一個小孩子經歷過小學、高中、大學——人生幾乎有三分之一的時間被浪費在這上面——以強迫孩子的能量走向一個不自然的中心——頭，並且創造出屏障以阻擋能量走到心裡去。

能量自然的運作過程是：發源自存在，而走向心，並且從心走向頭。這是自然的運作過程，如果能量經過心而到達頭，那麼心就會保持是主人，而頭變成是僕人。社會所謂的教育的整個詭計是要完全避開過心，在存在和頭之間創造出一個直通的捷徑，而忽略過心。

這個詭計一直都進行得很成功，心被擺在一旁，而能量開始從存在走向頭，如此一來頭就變成了主人。頭做為一個僕人是一個很優美的僕人，但作為一個主人他就變得非常的醜陋了。當你了解到社會曾經在你身上玩弄過什麼把戲時，你會立刻打開你的心讓能量開始流經過它，因爲那才是自然的方式，那才是它應該走的路。如果社會沒有干擾過它的話，能量就會去走那條路。

社會非常的害怕愛，非常的害怕心，因爲如果某個人活在頭上面的話，他會很有效率，會是一個好僕人，非常的聽話，他會是一個奴隸——而那就是社會需要的：奴隸、有效率的工作狂、聽話的僕人。社會不需要主人。

一旦你的心打開來時，即便你身居囚籠，你還會是一個主人。你的自主性是如此的深入，以至於不會有任何東西可以搶它從你身上拿走。

你們必須去做到這個奇蹟：將你的能量從頭轉移到心。

5號

你根本沒有什麼不對勁的地方，只除了一點——你居然寧可去相信各式各樣的蠢才而卻不去聽聽你自己心裡的聲音，你一直在聽從那些根本一無所知的人說的話。丟掉所有那些借來的知識。忘記所有那些關於原罪的故事，忘掉所有關於你是一個罪人的話。每個人都是神的一部分，一個本來就存在的部分，每個人都是神聖的。是的，的確是有少數神聖的人，是沉睡的——那是他們的選擇。而有少數的人是淸醒的——那也是他們的選擇。即使是處在昏睡之中也沒有什麼不對，你只是必須多忍受一些惡夢罷了。但你對此也不必太過擔憂，因爲這些惡夢其實都只是想像出來的。遲早你都會醒來。而且如果你覺得這樣很享受，就去享受這些惡夢，別人也無權干涉。我會很樂於看到你醒來，但如果你決定不想醒來，也不必被譴責並且丟到地獄裡去。只要成爲昏睡的就已經夠你受的了，我不需要再把你丟到地獄裡去受更多的苦了。

這就是在諸佛和普通人之間唯一的不同點；否則他們都是相似的……其相似點來自於他們全都有相同的潛力可以變成覺醒的，而不是在於他們是類似的人——他們都是獨一無二的。

6 號

平常人會在他的存在周圍聚集灰塵而失去他與生俱來的聰穎。每一個人出生時都是聰穎的，而每一個人却都變成平庸的中產階級。在人死去的時候，他幾乎是愚蠢的。這眞是一個奇怪的現象，而人們居然把這稱作是進化——這是退化。

比起大人，孩子們對所有的事情還要更聰穎、更活生生、更淸楚透徹，沒有任何的混亂。當他們開始成長時，便會開始從每一個地方聚集混亂。我們一直等待直到他們變成二十歲的時候才給他們投票權，因爲每一個人在那個時候都已經失去他們本然的穎智，而變成遲鈍、愚蠢的。那時你才被稱作是大人——你眞的是大而無當，完全的大而無當——但是人們却會說：「現在你已經是大人了，你的年紀已經夠大了。」政客的確是很害怕給小孩子投票權，因爲他們會看得很透徹，投票權只有在當你已經失去所有看到眞相的能力，當你已經完全盲目的時候才會被賦予給你。

我在此的努力是要幫助你們丟掉你們所有的灰塵，所有的蝕鏽，清理你們的鏡子，好讓你們可以再度看見你們本來的面目。

7號

社會的整個結構是反對人心的，它訓練人的大腦，規範人的大腦，教育人的大腦，而擱置並且略過人的心，因爲心是一個危險的現象。大腦是一部機器。機器從來都不是叛逆的，他們不可能是。它們就只是遵守規定。機器以那種方式而言是很好用的——他們很聽話而服從，因此國家、教會、父母親，每一個人都對頭腦有興趣。它對所有的人而言都是很好用的。

心卻會對社會的現況，對已建立的規則，對人們投資的利益製造出麻煩。大腦透過邏輯而運作，它可以被勸服，可以被製造成基督教徒、印度教徒、回教徒，它可以被製造成共產主義者、法斯西主義者、社會主義者。你可以對大腦做任何的事情，這個工程需要的只是一個巧妙的教育系統，一個狡猾的策略。正如我們將電腦輸入程式般，我們也將大腦輸入程式，而且無論你輸入什麼到大腦裡面，它都會一直重複下去。它無法給你什麼新的東西，它從來都不是具有原創性的。但是心是透過愛而存在下去的，愛不可能被制約，它在本質上是叛逆的，人從來無法知道愛將會帶你到那去，它是無法預測的，它是自發性的，從來不會重複過去的東西，它總是在對當下的片刻做出反應。心活在現在，而頭腦活在過去，因此頭腦永遠是傳統的，因循守舊的，而心永遠是叛逆的、革命的。但你只有透過心、透過愛才會勝利，而不是透過邏輯。

而令人不可思議的是，當你反叛羣衆的心理狀態而讓自己愛得愈來愈獨立時，突然間，你會開始感覺到你變得與整體、與宇宙合而爲一。

*8*號

人類的整個歷史始於亞當與夏娃的伊甸園：人類從伊甸園被驅逐出來，爾後便一直徘徊在沙漠之中。他依稀記得屬於那個花園的，那些日子，那些永恆不朽的時光，他在被驅逐前的光輝燦爛。

聖經的故事不只是一個故事而已，它包含著偉大的眞理。每個人會都感到自己有些不太對勁的地方，他不是在他應該在的地方，他也許對於到底是什麼地方不對勁不是很清楚，但每一個人多多少少都會感覺到那個模糊的失落感：「我待在錯誤的地方、錯誤的環境中，我不應該是這個樣子，有某些事情不太對勁。」

人從上帝的伊甸園中被驅逐而出，他被放逐的原因在於他從知識之樹上吃了知識的禁果，他試圖要成爲有知識的。

當有某個人開始成爲有知識的人時，他會開始與自己的心失去聯繫——而那才是眞正的伊甸園。我們在自己裡面攜帶著它，我們並不眞的是被驅逐出去，我們只是已經忘掉它，我們已經將它忽略過了。我們變得懸吊在頭上，我們已經變得太過執迷於知識。我們沒有在自己的本性上有所成長、開花，而卻只是在搜集資料，一堆純粹徒勞而無益的資料。

心是靈魂的伊甸園，心是天堂。我在此的整個努力就是要幫助你們以某種方式再度進入伊甸園之中。一旦你抵達園中，一旦你已經再度嚐到它的滋味時，你就會被蛻變。

9號

人有知識，但不是智慧。要有知識是很容易的事情，你只是需要一點點頭腦的努力，一點點的嘗試。你可以一直去餵養你的記憶系統，它是一部電腦，你可以儲存整座圖書館的資料在裡面。但智慧不是某個你可以累積的東西，因爲它根本不是透過頭腦而發生。它是透過心、透過愛而不是透過邏輯在發生。

當心帶著愛、帶著信任打開時，當心把自己交托給整體，那時將會有一種新的洞見在你的內在升起，那是一種清明的知識，一種對於生命的意義何在，對於你是誰，對於爲什麼這整個存在會存在有一種無比深刻的了解。所有的祕密都將被揭露，但這只有透過愛，而不是透過邏輯；透過心，而不是透過頭才有可能。神和心有直接的連繫，那根本和頭沒有任何的連繫。所以如果有一個人想要走向神的話，那麼這條路必然會路經過心。

一旦你透過心而知道智慧時，你便可以將你的頭腦視爲一個很好的僕人去使用他，那時你甚至可以將頭腦所累積的知識用來服務智慧——但這必須使用於當你已經透過心而知道智慧之後，但絕不是之前。

讓你的能量朝向愛而移動，愈來愈充滿著愛，那時你將會訝然於，隨著你的愛的成長，隨著愛的花瓣的綻放，當你的心變成一朵蓮花時，將會有某些無比優美的現象開始降臨在你身上——那就是智慧。而智慧帶來自由。知識帶來外在的資訊，智慧帶來內在的蛻變。

*10*號

人類現在遠比從前知道的更多：人類的知識一直在成長。事實上，你們所知道的事情比耶穌多得更多。如果遇到耶穌，你可以教他很多事情。將會有很多很多事情是他不知道。我不認爲他會有辦法通過代數的考試——那是不可能的事。

但這並非意味著他就不是一個知者。他知道，但是他是以一種全然不同的方式在知道。他自身的經驗已經蛻變了他的存在，他不像你們一樣博學多聞，但他已蛻變了他自己，那才是眞正有意義的事。資訊並不算什麼，電腦可以擁有比你更多的資訊，但電腦永遠無法變成一個基督，或是一個佛陀。難道你認爲電腦能夠在那天變成開悟的嗎？那是不可能的事。

電腦是可以知道所有的事情，但它將維持是一部電腦，而且電腦也只會重複那些你給它的程式。它也不可能充滿著喜樂，機器會有什麼喜樂可言？它也不可能充滿著愛——機器怎麼可能會去愛呢？它也許會說：「我愛你，我非常地愛你，我可以為你而死。」它也許會說美麗動聽的話，但那只會是話語而已。

你可以教會一部機器去這些事情，而且它會非常有效率地去做這些事。有千百萬的人的確就是在做這些事情：像一部機器、電腦一樣地在說話，他們不斷地重複一些陳腔濫調——基督教、印度教、回教——美麗的文字，但全都是死的文字。

當你開始靠你自己去看眞相時，你的人生將會縱身躍入一個新的層面，那是一種量子跳躍，你進入了永恆的向度，神性的向度、喜樂、眞理與自由的向度。

*11*號

知識是一個死的東西，而知道是一種活生生，並且不斷地在流動的現象。事實上，未來有一天我們將必須去發展出一種全新的語言，因為所有我們在過去發明的語言都已經過時了。他們是由不同的人，在不同的環境下，為了不同的目的而發展出來的。現在所有那些事情都已經過去了，但語言卻仍然殘留下來。現在我們在宗教和科學上都已經知道，在存在中沒有任何東西是靜止不變的，每一樣東西都一直在變動中。

所以，我會以「知道」代替「知識」，而以「正在愛（Loving）」代替「愛（Love）」，我會以動詞替代名詞。但我們已經變得如許地習於名詞，以至於甚至將河流稱作是河，但它其實是正在流動的河。它從未有過片刻是相同的。我們稱樹是樹，但他們全都是正在成長，每一分每一刻都在成長的樹：每一刻都有一些舊的葉子掉落，一些新的葉子冒出。除了變以外，存在中沒有任何東西是永恆不變的。開始注意去看你的生命，而且不只是看，而是要儘情地去活。如此一來，知道將會不斷地持續下去。這是一個永遠不會結束的朝聖之旅。而它的美就在於，永遠都會有驚奇存在，都會有奧祕存在。我們一直在知道新的事情，但仍然會有這麼多值得知道的事情，存在是無窮無盡的，人因此可以永遠維持像一個小孩般的充滿著驚奇和敬畏。

神是一個奧祕，只有那些有著一顆隨著驚奇而舞的心的人，他們的存在會隨著敬畏而顫抖的人才會發現神。

*12*號

眞正的知識、智慧只會透過覺知才可能發生——不是透過累積資訊，而是透過蛻變才會發生。覺知是一種最根本的蛻變，透過覺知你將會重生。

人平常是存在在一種非常沉睡的狀態中，他只有用到最少最少的覺知，只有百分之一而已，或有甚至是不到。這樣便足以讓你們應付日復一日的工作，足以讓你們維持三餐，找到一個棲身之所並養家活口。對這些事情而言，這百分之一的覺知就夠了，但如果要做到比這更多的事情的話就是不可能的事。在你身上有百分之九十九的領域是漆黑無光的。而所有那些黑暗可以被改變，人可以是充滿著光的。那時他將會知道強烈地活著的滋味，無比自在地活著的滋味。

從這一刻開始將覺知視爲一個攸關生死的事情。事實上它的確是一個攸關生死的事情。沒有覺知，你每一天都只是活得像一具行屍走肉般。有了覺知，你將會開始首度眞正是活生生的，如此一來，生命將會一直持續不斷地成長，變得愈來愈寬廣，愈來愈浩瀚。

有一天，你的覺知將會變得如此的充盈，以至於不只你是活生生的，而是任何來接近你的人也會變得活生生。你開始將某種魔力傳遞給別人，你開始滿溢著愛、生命與光。而那就是一個佛、一個基督、一個智者的狀態。

13號

頭腦沒有能力知道眞理。它可以搜集各式各樣關於眞理的資料，但知道關於眞理的知識並不代表知道眞理。知道關於愛的事情並不代表知道愛，如果一個人要知道愛，她需要成爲一個愛人。沒有任何的資訊會有任何的幫助，人必須親身進入那個經驗本身。而關於眞理也是同樣的情形。你可以知道世界上所有偉大的哲學，你可以在頭腦裡堆積偉大的話語、理論、假設，你可以達到某些任憑己意的結論。但記得，那是你個人武斷的意見，因爲他們並不是根植於你的經驗，所以無論你知道什麼都將會阻礙你的找尋。

那是知識最大的危險，它會給你一個虛假的概念，讓你以爲自己知道。一旦那個認爲自己知道的錯誤想法進入，你對眞理的探詢就會停止。一個人必須知道說他並不知道。他必須將所有贊成和反對的資訊、教條、基督教、印度教、回教、宗教上、哲學上的資訊放在一邊。必須將每一種知識——我指的是廣意的知識——放在一邊，那時眞正的探詢才會開始。那時這個人會變成一個眞正的眞理的找尋者，因爲那時他是開放的。出自於那個不知道的狀態，有一天將會有偉大的喜樂發生，他將會經驗到眞理、活在眞理之中，並變成眞理，那個狀態被稱作是成道、捏槃。在西方，人們將它稱作是基督的意識狀態，在東方，人們將它稱作是佛陀的意識狀態，它們都是相同的意義。

14 號

人必須成爲如同孩子般的天眞，那時——而且唯有那時弱性的大門才會打開。對一個塞滿著知識的人而言，神性的大門維持是關閉的，對學閥、專家、教士而言，他們的門是完全封閉的，他們已經知道了，再也不需要知道任何東西。他們藉著累積借來的知識以壓抑住他們的無知。他們已經失去驚奇的能力，而驚奇却是朝向神的路上最根本的一個品質。

孩童具有無限的驚奇感。他的心持續不斷地感覺到世界的奧祕與神奇。他的眼睛充滿著敬畏，他對任何的小事：海灘上的貝殼、礫石……也會像看到鑽石一般的去搜集。他會被類似這樣小小的東西激起很大的好奇心——一隻蝴蝶、一朵花，只是一朵普通的花，就足以令他心醉神迷，幾乎像是被催眠了一樣。

這些是幫助你打開通往神、通往喜悅、眞理、通往存在的奧祕之門。我的門徒就必須像小孩子般。

15號

當一個人變得愈睿智時，就會變得愈覺知到他知道的是多麼的少。而一個愈愚蠢的人，會對他的知識愈確信不難。你可以由一個人對自己確信不疑的程度判斷出他的愚蠢度。愚蠢的人非常的狂熱主義，因爲他們已經達成最終的結論。而且他們不只是爲自己，也是爲每一個人達成結論了，他們想要將他們的結論強加在世界上所有的人身上。他們以爲自己對人是非常慈悲的。

蘇格拉底在他生前的最後幾天說：「我只知道一件事，就是我一無所知。」他在那一天成爲西方迄今爲止最偉大的智者。他在那一天成爲諸佛的同伴。從那天起，他再也不是一個哲學家了，從那一天起他變成開悟、成道的人。

頭充滿著結論，但心總是天眞並準備要去知道，心永遠都是一個孩子，而頭永遠都是一個老人。記住，頭從不會是年輕的，而心從不會衰老。

16號

從別人那借來的知識是不眞實的，從外界搜集來的知識是不眞實的。它讓你隱藏住自己的無知，但不會使你變得睿智。它會掩蓋住你的傷口，但它不會療傷。某方面說來這是非常奇怪的事，因為人傾向於忘記他的創傷，於是這些創傷會一直在他的內在擴展，變得像癌症一樣。最好是去知道它們，最好是將它們打開來面對風，面對雨，面對太陽。將它們隱藏住是在保護它們，而它們是你的敵人。最好是將它們暴露出來——自然會治癒它們。因此要朝向眞知的第一步就是知道：「我是一無所知的。」那是暴露你的無知的方式。從那一刻開始會有一個蛻變發生，一個很大的改變發生：他將會開始向內看。

眞正的知識必需發生自你的內在。它不可能來自思考，它必須來自於一個你內在無思考的空間。它不可能來自於學習，它來自於靜心。它來自於當你的腦海絕對地免於內容物，完全地空無而純淨，沒有污染，那時你自己內在的源頭將會開始流動，因為那時所有的障礙物已經被移開了。

這個源頭來自於泉水可以流動的地方，它就在那，但有很多的石頭擋在路上，而這些石頭卻被認為是知識，它們不是知識，而是知識的敵人，丟掉所有你從外界學習過的東西，好讓你的內在可以對你說話，那時你將會知道眞正的知識、知道的滋味。眞正的知道會解放你。

17號

我們的身體很渺小，我們的頭腦很渺小，但我們的本性卻是浩瀚廣大的，如同海洋般浩瀚廣大，事實上，它比任何的海洋都還要浩瀚廣大，因為即使最大的海洋也有它的邊際，而我們的存在卻沒有任何的邊際，它是無限的。

我們的本性有三個品質，第一個品質是眞理。當你首度經驗到你的本性時，就是品嚐到某種屬於眞理的滋味了。在那之前，你只是知道某些關於眞理的理論。這就好像是一個人，他知道很多關於食物的事，但根本就沒有任何吃東西的經驗。

我們並不曾知道過眞理，我們只是聽過很多關於眞理的理論，那全都是假設而已，當你跨越過身體、跨越過思維而進入你的本性時，第一個嘗試到的滋味就是眞理。而第二個滋味是意識。否則意識對你而言只是一個空洞的字而已。

人們是沉睡的，他們不知道什麼是意識。他們根本就不是有意識的，他們像是機器人一樣，他們像是機器一樣地在運作。而後最終的，第三個品質是喜樂——那是頂峯。隨著你漸漸的深入自己的旅程中，你首先會遇到眞理，接著會遇到意識，最後在最核心本身你會遇到喜樂。

*18*號

科學家說，單單一個人的頭腦，單單一個記憶的系統就可以包含世界上所有的圖書館，人腦有那樣的容量。但即使如果有一個人在腦子裡裝下世界上所有的圖書館，他也不會成為一個佛。他會維持依舊是一樣的笨蛋，一樣地負載著所有經典的驢子。書本不會蛻變一個人的存在本身。如果人想要蛻變他的存在的話，那麼他必須走出文字，他必須走出所有的理論、意識型態、教條、經典。

讓所有的資訊就此結束，讓它畫上一個完整的句點。因為它只會讓人變成鸚鵡。我們將那些鸚鵡稱作專家。但它們並不會使人滿足、使人成為喜樂的、充滿著愛的、真正知道的人。讓所有的資訊就此打住。那意味著讓頭腦就此打住。

讓頭腦就此打住就是靜心的誕生，一旦靜心誕生，那麼奇蹟就會開始發生，而後生命就會開始展開一種量子式的跳躍……那是一種令人無法置信的狀態；一個人會開始察覺到圍繞在我們身邊這麼多的奧祕，它們充盈在這整個地方。但我們却因為自己本身的知識而成為封閉的，我們的眼睛是閉上的，我們因為知識而盲目。

人必須變得如同孩子般的天真，當人天真的時候——他會像一面鏡子般的清楚，完全的清楚透徹，那麼他將會反映出眞理。而知道眞理也就是成爲眞理本身。

19號

我們被每一種社會、文明、宗教以一種被賦予錯誤的身分認同的方式被教育長大。我們全都被欺騙、蒙敝。而那些欺騙我們的人是非常有權力的人，事實上，他們的權力靠的是他們的頭腦，而他們已經欺騙好幾世紀了。他們——政客和教士——已經累積很大的權力，而且他們害怕允許任何人知道眞理。他們的整個生意靠的是那些非常容易輕信別人的人，那些準備好要被騙、非常樂於被騙——事實上是要求被騙的人，他們渴求被騙。從人們的童年開始，教士和政客就創造出一種情境，讓孩子變得慢慢地察覺到，如果他想要在這個世界上生存，他就必須去妥協。這不是一個非常有意識的作爲——你無法期待孩子會這麼地有意識，即使是大人也無法這麼有地意識——但會有一個模糊的意識開始在孩子身上形成：「如果我說眞話，那麼我將會惹上很多麻煩。」如果他說任何的實話，他會立刻被處罰。

等到你強壯到足以說眞話時，你已經失去所有怎麼說眞話的感覺了。你的謊言已經這麼深入你，它們已經變得如此的無意識，它們已經變成你的血液、骨頭和骨髓的一部分，你已經變得幾乎不可能擺脫它們了。這個社會加諸在你身上的東西必須被卸下來。你必須重生，眞正地重生，你必須重新開始從ㄅㄆㄇ學起，唯有那時你才會覺知到自我是一個社會強加在你身上的虛假實體，你根本不是一個與存在分離的單位，你是這有機整體的一部分。

20號

孩子從年紀較大的人身上學習，所以無論別人在做什麼，孩子就會開始跟著做。現在我們的孩子都在看電影、電視上的謀殺案、自殺、搶劫以及各形各色的事物。他們正在學習……他們到處都可以看到暴力、強暴、謀殺——於是他們會開始重複同樣的模式。而後他們的小孩將會從他們身上學習，這將會變成一個我們習以爲常的現象。

我們發現到的每一個人都在從外在找尋快樂，雖然那個寶藏其實是在內在。耶穌一再一再地說：「上帝的國度在內在。」但即使是他最親近的跟隨者也從未了解過他。即使當最後一夜到來，耶穌即將被捕，他們也還在問上帝在天堂的國度，而這個可憐的男人一輩子都說上帝的國度是在你的內在！

在他與門徒最後的對話中，他們問：「師父，只要告訴我們一件事：『在天父的國度中你將會坐在他的右手邊，而在我們這幾個人之中，你十二個親近的門徒之中，誰將會坐在你旁邊？』」

看看這個問題的愚蠢、政治和階級意識。而這個可憐的男人一輩子都在說：「那些不會慾求要成爲第一的人是受到祝福的人，因爲他們將會成爲第一。」

但人們一直在聽表面上的文字，優美的文字；他們也會欣賞這些文字，但他們根本不了解這些話。我們已經錯過佛陀，我們已經錯過耶穌，我們已經錯過所有偉大的師父——那是爲什麼人類會這麼痛苦的原因所在。

21號

每一個人在他的本性中都帶著眞理。這個眞理不是要被創造出來，它只是要被發掘出來，或者說是重新被發掘出來。我們已經是在它的羽翼之下了，但我們已經變得完全對這個事實視而不見，我們只是已經陷入沉睡之中而忘掉我們是誰。所有我們需要的就是要去記得。

你必須變得更加警覺，你必須變得更加有意識，沒有任何東西被遺漏，你只是在做夢，夢到你是一個乞丐，而你並不是一個乞丐。

一旦這個夢被打破時，一旦你醒來時，你會突然間發覺自己從前一直處在非常荒謬的夢裡面。現在你擁有最偉大的寶藏。你擁有永恆的生命，你擁有神的國度。你擁有那最終的。而我們已經在自己身上攜帶著它了。我們就是它！所以問題並不在於要在某個地方找尋和追求它，問題是在於要如何將你全部的能量投入醒來之中。

22號

成爲眞實的會帶來如此強烈的喜悅，那時還會有誰會想要掉進成爲不眞實的所帶來的黑暗之中呢？成爲眞實的會讓你變得如此的單純，那時還會有誰會想要成爲不眞實的，而製造出不必要的複雜與麻煩呢？

一個謊言將引發出一千零一個其他的謊言，因爲你必須去爲它辯護，而且你不可能用眞話去辯護，你只能用其他的謊言去辯護。而每一個其他的謊言都會反過來需要更多其他的謊言。單單一個謊言，你這一輩子就會開始變成不眞實的、不眞誠的。

眞理會帶來很多的禮物，但人必須打開靜心之門。沒有人能夠給你眞理，眞理早就已經由神賦予給你了。它不是什麼必須被找到的東西，它本來就已經存在，它是你本然的狀態，你只是必須向前再多走幾步。

成爲門徒不過就意味如此：那是一個人想要發現他的眞理的決定，那是一個承諾：「從這一刻開始，我的生命將會奉獻給找到我自己的眞理之上。」

眞理並不遙遠。它只需要一步，因此最好是不要將它稱作是一步，它比較像是一個量子跳躍，一個從思維跳到無思維的跳躍。

23號

聖約上關於丹尼爾（Daniel）的故事非常的優美。容我提醒你，我將它稱作是故事而不是歷史，因爲對我而言寓言、故事遠比歷史更深具意義。歷史只記錄史實，而寓言記錄眞理。

丹尼爾爲了拒絕否認他的信念而被關進一個獅子籠裡，但他卻毫髮無傷的逃出這個困局。這只說明了一件事，那就是對眞理的熱愛比生命本身更可貴，一個人可以爲了眞理而犧牲他的生命，但不是相反。

這也說明了，雖然人已經這麼進化了，但他基本的本能還是維持不變。會說眞話的人還是必定會像丹尼爾一樣的受苦，因爲社會靠謊言爲生，它無法忍受一個說眞話的人。

再其次這個故事說明了一個說眞話的人不需要害怕，他不可能會被任何東西傷害，甚至是獅子也不會，因爲一個說眞話的人在他內在知道某種屬於永恆的，不可能被毀滅的東西。即使是死亡也不可能將它帶走。爲了謊言而活下來是不值得的，爲了眞理而死是生命中最大的喜樂之一。

24號

眞理不可能被買到。你沒有辦法從別人身上得到它，它是無法轉手交給別人的。你必須自己去發現它。沒有任何的錢可以讓你買到它，沒有任何的權力可以讓你取得它，但如果一個人進入他自己的內在時，他將會在那發現它。事實上，它已經被交給你了，沒有必要去買它。

令人諷刺的是每一個人都在用錢交換眞理。有些人從基督教市場裡買它，有些人從印度教市場，有些人從猶太教市場裡在買，有些人從吉踏經，有些人從聖經，而有些人從可蘭經裡在買。但記得一件事：無論你從別人那裡買到什麼，那都只是某種關於眞理的東西——那不是眞理，你買到的只是文字而已——空洞的，沒有內容的文字。

眞理唯有當它是你自身的體驗時才是眞理。耶穌無法給你眞理，佛陀無法給你，我無法給你，沒有任何人能夠給你眞理，原因很簡單，因爲你已經有了。所有你需要做的就是一個內在的找尋，穿透內在的世界，讓你達到自身本性的核心——你在那將會找到它！

眞理好在不是一個商品。好在沒有任何人能夠將眞理交給你，否則它就會是沒有價值的。否則人們會從他們的父母親那繼承到，人們會在他們的遺囑裡寫上：「我有一半的眞理要留給我的妻子，和我的女朋友，然後一半必須平均地分給我的兒子們……」如此一來，它是一個有價碼的東西。但它不是一個東西——而且還好它不是。

眞理是完全無法分割的，你在你絕對地單獨中才會知道眞理，那是你最內在的殿堂，那是眞正的廟宇，在那裡眞理總是一直在等待著你。

25號

眞正的宗教並非礎基於信仰上，只有假的宗教才會礎基於信仰上，眞正的宗教根植於經驗之上，所有的信仰都是經驗眞理時的障礙，如果你已經相信，就沒有必要再去探問了。一旦信仰存在，你就會開始自以爲知道了。信仰不過意味著你已經壓抑下你所有的懷疑——而探問只有在當你的懷疑是活生生的、新鮮的，富有朝氣的時候才會開始。懷疑並不需要被壓抑。它們必須被當做墊脚石。它們並不是壞事，它們並沒有什麼不對，但一個人不應該永遠活在懷疑之中。人應該使用懷疑去將眞理找出來。而且當你自己找到眞理時，它會有一種全然不同的價値意義，它會有一種全然不同的品質。它並不是虛弱無力的信仰，而是活生生的眞理，它是你的眞理——你可以爲了它而冒著失去生命的危險。

*26*號

眞理一直都在，我們就被它圍繞著，但我們的內在是如此的騷動不安以至於我們無法反映出眞理。滿月在那，星星在那，但湖面是如此的擾動，有這麼多的漣漪存在，它無法反映出滿月。它無法爲了滿月而高興，無法爲了星星而高興，他根本對一直在那的天空視而不見。所有需要的就是湖泊應該變得比較寧靜一點。

我在此所有的努力是要幫助你們，讓你們的意識成爲一座寧靜的湖。而這是可能的，如果它可以發生在我身上，那麼它也可以發在你身上，我不會要求任何非比尋常的東西。它可以發生在任何人身上——只需要一點點的努力，別無其它……不需要生於特別的階級，只要一點點的努力，一點點上天賦予每一個人的特權。在你達到內在的寧靜時，將會有一種激進的蛻變發生。那時你將會說：「我很喜悅！」

27號

唯一要記得的事情是知識並非由資訊所累積組成的。它並非由從別人身上學習到的東西所組成的，相反地，它是一種由解除學習過的東西的過程所組成的。當這個人再度變得像孩子一般的天眞時，他才會眞正的變成一個知者。當意識的鏡子絕對地沒有內容物時，當意識的湖面沒有波瀾起伏，甚至沒有一絲的漣漪時，那時整個天空、整個存在，都在你身上反映出它所有的光輝，所有的美，所有的壯麗。

而那個經驗就是神。成爲空的，成爲靜止的，事實上是成爲什麼都不是。只要成爲空無一物的，好讓整體能夠降臨在你身上，好讓整體能夠被你的意識反映出來。那個經驗是唯一的宗教經驗，唯一的神祕經驗。它給你對於神存在的確定不疑，那不是一種信仰，而是一種絕對的確定。它給你絕對的透徹，神變成你自身的體驗。它不是耶穌這麼說，佛陀這麼說或者我這麼說，而是你知道它。這個經驗穿透進入你的五臟六腑，變成你存在的一部分。維有那時生命才算是達到目的地，而得到滿足。

28號

如果有一個人準備好成爲無名小卒，那麼他將會變成最偉大的。成爲什麼都不是，那時你就是一切；成爲一個無名小卒，那時你就會達到無比的非凡。只要成爲空的，你就會知道在你身上那最偉大的，最高的巔峯。但是記得一點：不要爲了變成最偉大的人而成爲什麼都不是。因爲那時你將不會成爲都不是。它不能夠被用做一個爲了變成最偉大的人而使用的手段。那個偉大是一種衍生物，而不是目標所在，不是目的。

它像是一種芬芳。花朵才是目的所在，你的意識的開花才是全部的一切，在那時頓然間就會有芬芳被釋放出來。如果你從一開始時就在找尋芬芳，那麼你將會錯過花朵，而沒有花朵就不會有芬芳。如果你找尋花朵，那麼花朵的芬芳將會自行到來。

如果這個人是一個謙虛的、溫順的、無足輕重的人，那時神的國度的大門將會爲他而開，那時你是一個神聖的客人，那時你頓時被拉到生命最高的頂峯，但那是一個衍生物。達到神的國度並不是目標所在。完全忘掉這回事，我的整個教導就只是要讓你成爲一個無名小卒。只要繼續將所有老舊的家具從你的內在丟出來，而變得純然地充滿著空間。

如此一來那個空間將會流溢著你的存在，因爲存在會成長，而且現在它擁有空間可以成長了。你的存在會打開它的花瓣，它會變成一朵千瓣的蓮花。那時在你的內在將會有一支偉大的舞蹈、偉大的音樂、偉大的詩、偉大的美和優雅。那時整個被拘禁的光輝將被釋放而出，因爲再也沒有圍牆阻礙它了。你將不斷地擴展出去。生命引爆著光、愛和喜樂的火花。

*29*號

我們從孩提時代開始就被教導要在世界上揚名立萬、成爲赫赫有名的、大家都知道，成功的人，成爲一個首相，一個總統或是一個諾貝爾獎得主——成爲某個特別的人，某號人物。每一個孩子都被這個要成爲某號人物的觀念所毒化，而眞相確是，我們全都是無名小卒而已！但這個眞相實在是太棒了！一個人甚至無法想像到只是成爲一個無名小卒就會帶來多麼大的喜悅和狂喜，名聲根本不會帶來什麼。它是一個非常愚蠢的遊戲，非常的幼稚和不成熟。

我對眞正的成就的定義是，那些無法被死亡帶走的成就才是眞的。任何會被死亡帶走的都不是眞正的成就，那只是假的成就，供你戲耍的玩具。

從這一刻起，成爲一個無名小卒，享受這個無足輕重的感覺以及它所帶來的自由。隱姓埋名，然後看看這會帶來的喜悅！那時將不會有擔心、不會有焦慮，因爲沒有自我你就不會感到受傷害。沒有任何事情可以傷害你。某個人可以汚辱你，而你可以站在那看並享受這整件事情，因爲沒有任何人在你內在感到受傷，沒有任何人會受到打擊。你可以享受並且一笑置之。

有一天當某個人在他被汚辱的時候也可以享受並一笑置之時，他已經是達成某種成就，他已經變成永恆的一部分，他已經進入不朽的世界了。

30號

如果你的眼睛懂得怎麼樣去看時，你將會驚訝：那時即使是乞丐也不只是一個乞丐，他也是一個人，他曾經經驗過愛，曾經經驗過憤怒，曾經經驗過一千零一件甚至國王也會嫉妒的事情，他的生命是值得細讀，値得觀察，値得了解的，因爲他的生命也是你的生命的一個可能性。

每一個人都是活在一種可能性之中，並將這個可能性蛻變成實際的行動。而所有那些可能性也都是你的，你可以成爲一個希特勒，你可以成爲一個耶穌基督——這兩扇門都是打開的。一個人從這一扇門進入，而另一個人從另一扇門進入，對你而言這兩扇門都是打開的。因此我對佛陀和對希特勒有等量的興趣。我的確是對耶穌很有興趣，但我也對猶大感到同樣的興趣，因爲每一個人都是我存在的不同的可能性。

*31*號

生命中的頭七年是最重要的時光。如果有個人將會活到七十歲的話，那麼這七年的時間將會成爲未來七十年的走向的決定因素。因爲他將會在不同的星球上重複同樣的模式。他會假裝愛他的妻子，他會假裝愛他的孩子，他會假裝愛他的朋友。而且這個僞裝有時可以深入到他甚至不會感覺到這是一個僞裝，他會以爲這就是愛應該要有的樣子。這就是愛。那就是爲什麼全世界每一個人都在愛，而這個世界却會變成一所神精病院的原因所在。人們應該是充滿喜樂的——如果世界上眞有這麼多的愛的話，那麼每一個人都應該會綻放成爲一朵花。但似乎是沒有人在綻放、開花。有某種非常基本的東西被錯失了。

我在此的努力是要幫助你變得覺知到你所有的僞裝，一旦你覺知到它們的存在時，它們就會被丟棄掉，會被非常輕易地丟棄掉——整件事情的重點就在於要變得覺知到它們的存在。它們已經走得很深了，它們的根已經非常地深入到你的骨頭，鑽入你的骨髓中了。所以一個人必須變得非常的警覺，非常的覺知，去找出所有的根。一旦找到你的虛僞時，虛假的愛的根時，你便可以將它連根拔除了。你可以拔掉所有的種子，而再度變得像一個小孩子一樣，而且你會從最原初的天眞重新開始一個新的生命，那時就會有自發性，你自然的本性會流露而出。

八月
百分之百地去生活

1號

愛是在你本性內在的天空中，最閃耀的一顆星晨。比起它所有外界的星晨都不算什麼。外在的世界的確是很美，可是一旦比起內在的世界，它就不算什麼了。而在人內在的世界中，愛是最閃耀的星辰，它是太陽！它是你內在世界的靈魂本身，源頭本身——走進去並且找到它。當你找到愛時，分享愛，慶祝愛。

2號

如果你忘掉輕盈的感覺是什麼，那麼你就全忘掉成爲愉快的感覺是什麼，因爲它是同樣的現象的二個面向。成爲輕盈的是要讓愉快發生的基本要求。

愉快只會發生在輕盈的心情下。不要將生命視爲是一個問題——它根本不是一個問題。它是一個必須去經歷的奧祕，而不是一個要被解決的問題。它不是一個謎語，要讓你將之視爲一個挑戰去解決。它是一個需要帶著驚奇，帶著敬畏，就像一個小孩子般的去探索的挑戰。

所以學習成學歡欣愉快的，將事情當作是好玩的，每一件事都必須被當作是好玩的，即使是死亡也必須被當作是好玩的。

3號

沒有人是不完美的，因此也沒有人需要成爲完美的。所有需要做的就是全然地去過你的生命。你已經是完美的。我們來日於完美，因此我們不可能會是不完美的。我們誕生自那最終的，我們是在神的大海裡的波浪。所以無論神的品質是什麼，波浪的品質就會是什麼。如果神是完美的，我們就是完美的。所以要「變成」完美的概念本身就是荒謬可笑的。沒有必要變成完美的，每一個人都已經是完美的，但我們並沒有站在全然的完美當中，我們活在最低限度的完美中。我們並沒有使用我們的潛力——科學家說我們只使用到不會超過百分之七的潛能。有百分之九十三的潛能純粹就是被失去了。而它已經是存在，正等著我們伸手去取用。當你百分之百的去生活時，就眞的是在使用神給你的最偉大的機會。而且只有在那個百分之百的點上，蛻變才會發生，絕不會是發生在那之前。

所以我在此的努力是要讓你們儘可能強烈地愛上生命，儘可能完整的活在每一個片刻之中。慢慢的，在你身上將會有某些東西開始打開來，你開始發現到自己不同的層面。你給自己愈多挑戰，就會發現到愈多。

4號

生活在這個世界上，但必須只是將這個世界視爲一場大型的戲劇。我反對棄俗。你不需要從這個世界逃離開來，你必須活在裡面，但是是以一種全然不同的方式去活，不要將它看得太嚴肅，要以非常輕鬆的心情去看待它，將它看做是一個宇宙性的玩笑。它的確是一個宇宙性的玩笑。在東方，我們將它稱作是神的遊戲，如果它是神的遊戲那麼我們在裡面就只是演員而已。沒有人會把演戲當眞。

你可以在戲中做一個國王，但你不會將它看得太認眞。當幕簾落下時，你會完全忘掉你做過國王，它不會跑到你的腦海裡。

如果你是有錢人，不要讓這個想法跑到你的腦海裡，或者如果你是窮人，也不要將它看得太認眞。我們全都在扮演某個角色，儘可能漂亮地去演好這個角色，但要持續不斷地記住這全都是一場遊戲。而後當死亡來臨時，最後一道簾幕將會落下，那時所有的演員消失，全都消失進入一個宇宙性的能量中。

如果一個人可以活在世界上而記住這一點，那麼這個人將會全然地免於所有的痛苦。痛苦是一個將事情看得太嚴肅的副產品，而喜樂是一個輕鬆去看待事情的副產品。將生命看做是好玩的。參予享受它。

5號

我正在提出一種與傳統家教完全不同的方式。家教必須是肯定生命的，它必須提升你生命的強度，它必須使生命更美好，它必須是具有創造性的，而不是逃避式的。它不是要使你的感官遲鈍，而是要使他們更敏銳。

對我而言，除了生活之外沒有其他的神，而且除非所有的事情都可以變成一個神聖的慶祝。而且，當我說每一件事情時我指的就是每一件事情：生是一種慶祝，死亡是一種慶祝；相會是一種慶祝，分離是一種慶祝；年輕是一種慶祝，年老是一種慶祝。如果你開始慶祝每一件事情，你會變成一個眞正的朝聖者。那時你不需要信仰任何東西，你不需要到教堂或是廟裡去。無論你身在何處，無論你在做什麼事情，那都會變成你的祈禱，變成你的靜心，變成你的修行。

6號

愛是世界上最具療效的力量。再也沒有任何東西可以比愛走得更深，它治療的不只是身體，不只是頭腦，同時也是在治療靈魂。如果一個人能夠去愛的話，那麼他所有的創痛都會消失不見。那時他會變成完整的——而成爲完整的就是成爲完善的。

除非一個人是完整的，它可以透過藥物而發生，它可以透過科學而發生，但人存在最內在的核心只能夠透過愛而被治療。那些知道愛的祕訣的人知道生命中最偉大的祕密。那時對他們而言，就再也沒有傷痛、沒有衰老、沒有死亡。當然，身體會變老，身體會死亡，但愛會向你揭露出你不是身體的這個眞理，你是純粹的意識。你沒有生，也沒有死。活在那個純粹的意識就是與存在活在共鳴之中。喜樂是一個與存在活在共鳴中的衍生物。

7號

我對神，對天堂沒什麼太大的興趣，但我絕對毫無保留地對愛有興趣，因爲一個知道什麼是愛的人必將會知道什麼是神，但反過來就不是這麼一回事了。一個人也許一直在信仰神——但最終卻不會知道愛是什麼。事實上，信仰神的人已經在這個地球上創造出這麼多的恨……沒有其他任何人曾經做過這麼多的惡行。基督教徒，回教徒，印度教徒——他們全都是一場大規模之騙局的執行者。

他們嘴巴上說的是神、是和平、是愛，但所有他們做的都是殘殺無辜的事情罷了。這種事情已經持續好幾世紀了。事實上，沒有任何的罪人曾經像你們所謂的聖人一樣做過那麼多的罪惡。他們也許不是直接親自去做，但他們一直在慫恿別人去做這些事情。

現在人類變得比較警覺和覺知。這整件事顯得如此的荒謬，如此的野蠻而愚昧。而且這些屠殺一直是在宗教的名義下被做出來的。因此我強調的是愛，因爲如果愛發生了，那就不會有問題，其它每一件事情也都將會發生。一個會去愛的人不可能碰不到神太久時間，即使如果他想要逃，他也不可能逃得掉，他將會發現神，他必定會發現神，這是無可避免的命運。

8號

一個會去愛的人會被這整個存在所愛。存在只是從所有的方向，所有的向度將我們發出的聲音反彈回來。如果我們唱一首優美的歌，那首歌將會以多出千百倍的美回到我們身上。無論我們給出去的是什麼，都將會再被給回來，人們會痛苦的一個簡單原因就是他們總是給別人痛苦，總是給別人傷害。

種瓜得瓜，種豆得豆。而且當然了，如果你單單只種下一顆種子，你將收穫千萬顆種了，存在絕不會吝嗇，它會給出很多，但它只能夠給出你在先前已經給出去的東西——它會加倍的奉還你給出去的東西，所以每一個東西基本上是依你而定的。如果你想要喜樂，那麼就在每一個人身上，每一件東西上灑落喜樂。如果你想要愛，就去愛。如果你想要任何東西，只是想要將不會對事情有所幫助——要去做它，將它化爲實際行動，很快地你將會驚訝於無論你會經給出什麼，它們總是會再度回到你身上，上千倍的回來，絕不會少於此。

無論你想要什麼東西，就將它給出去，而後你將不會保持是空的，你將會被填滿，你將會感到無限的滿足，那將是超乎你想像之外，超出你夢想之外的滿足感。

9號

你只會得到那些你擁有的東西，因爲那些你擁有的東西會變成一個磁力，吸引那些和它相近的東西過去，這就好像是一個醉鬼走進城裡，他很快就會找到其他的醉鬼。如果是一個賭鬼走進城裡，他很快就會和其他的賭鬼混得很熟。如果是一個小偷走進城，他也會找到其他的小偷。如果是一個眞理的找尋者走進城裡，他將會找到其他的找尋者。無論我們在自己身上創造出什麼，它都會變成一個磁性的中心，它會創造出某種能量的場域，而在那個能量的場域中，事情就會開始發生了。所以如果一個人想要擁有存在的喜樂，那麼他就應該儘其所能的去創造出喜樂。而後他將會得到千百倍的喜樂。你擁有的愈多，就會有愈多到來。一旦人了解到這個祕密時，他就會在內在變得愈來愈富有，他的喜悅會愈來愈深入。他的狂喜是無止盡的——人只是必須從正確的方向開始。

10號

存在愛所有的一切。存在對我們並不是冷漠的，它之所以會顯得冷漠只是因爲我們是冷漠的。存在只會反映。它是一面鏡子！它是我們的回聲。如果你對它大叫，它就會對我們大叫，如果我們對它歌唱，反射回來的就是歌聲。無論我們做什麼，它都會以千百倍的方式反射回來。因爲它是從存在裡所有的向度，所有的星球反射回來的。

存在會顯得冷漠是因爲我們自己不會去愛——一旦我們開始去愛這一切的存在時——河流、山、星星、人們、動物——一旦你開始與生命涉入深深的愛時，一旦你與整體變得熱絡時，存在也會跟你變得熱絡，它總是以同樣的東西回報你。

這個世界看起來顯得很無意義，因爲我們不去創造意義。它看起來好像非常的沈悶而無趣——因爲我們是沈悶而無趣的。對一個佛而言，它並不顯得是如此。佛陀曾經說過：「在我成道的那一刻，整個存在也成道了。」我可以爲這句話做擔保。他說的話是絕對眞切的。因爲那也是我的經驗！無論你是什麼樣子，存在對你而言就是那個樣子。

靜心可以教你兩件事情：靜心關切的是你內在的世界，而愛關切的是存在。靜心必須成爲你的中心——覺知，一個寧靜的觀照。而愛必須成爲你的外圍，一個根本不需要理由的溫暖——只因爲成爲溫暖的是如許的美好。

在中心是靜心，而在外圍則是愛，那時你將會看到這整個存在的轉變。它是相同的存在，事實上是你改變了，但是當你改變時，這整個存在也頓時隨著你而改變。

11號

宗教不應該成爲一個分開的活動，它不應該和生活區隔開來，它應該變成你的生活本身。無論一個人是在做什麼事情——做菜，洗衣服，照顧花草——這一切都是祈禱，這一切都是靜心，這一切的一切都是慶祝。當宗教變成某種與日常生活區隔開來的活動時，它會創造出逃避主義。當宗教意指生活本身時，那時它會變成創造力。儘可能輕鬆地去看待生活，你將它看得愈輕鬆，就會變得愈接近成道。你將它看得愈輕鬆，就會變得愈是充滿著光。

12號

心靈的平和是神聖的，它是一份來自神的禮物。而神是非常公平的！如果你誠懇地，眞誠地走入靜心的話，你將會接到這份禮物。這是確定無疑的，情況一直都是按照這樣在發生的。但是同時必須記住：心靈的平和是一份來自神的禮物。我們無法直接對它做什麼事情，但我們可以創造出正確的環境，讓它在這個環境下可以降臨。

這就好像是花朵一樣！你無法直接對花朵做什麼事情，但你可以整地，你可以撒下種子，你可以照顧好這棵植物然後等待。到了適當的季節，到了適當的時機，花朵將會來臨，而後你的努力將會得到回報。但你無法將花朵從種子中拉出來，你也無法將花從樹枝中拉出來，你必須允許它們去發生。它們來自於某種未知的源頭，某種神祕的源頭，但它們遲早總是會到來。一個人必須有足夠的耐心，他必須只是去做他的工作，然後信任說每當時機成熟時花朵就會來臨。

它們在過去總是會來臨。他們來到耶穌身上，來到佛陀、穆罕默德身上，它們也將會來到你身上。神沒有什麼特別的偏好，他即不會特別贊成某個人也不會特別反對某個人。神只是意指自然最終的法則。只要完成你的任務，那時自然將會立刻做出反應。

*13*號

一個人應該要沒有任何理由的，不帶任何動機的開始享受只是靜靜地坐著的喜悅——只是靜靜地坐著，只是呼吸，存在，傾聽鳥聲，或者只是看著你的呼吸。那個芬芳就是靜心，那個泰然自若，那個平靜、那個安和。它以一份禮物來自於那超越的。而每當有某個人準備好時，它就會發生，這是無可避免地。自然從未對任何人不公平過。任何值得得到的人或是任何他值得得到的，他都會得到。如果人們痛苦不堪的話，那是他們應得的，他們值得得到的。那不痛苦不堪的話，那是他們應得的，他們值得得到的。那不是任何人的錯，不是其他任何人必須為此負責——那是他們過去掉得的。如果有某個人是喜樂的話，那純粹意味著他值得如此。自然總是給予那些你已經變得值得擁有，你已經準備好，並且願意接受的東西。

14號

耐心是尋道者基本的一個品質。沒有耐心是尋道的路途中的一個障礙。關於神的事情而言，你不可能匆忙了事，因為神活在永恆中，而匆忙意味著你在計算每一分、每一秒和每一個小時。那不會有什麼用處。如果你想要知道神，如果你想要知道眞理，那麼你就必須知道永恆之道。那就是你需要耐心的原因所在。

忘掉一切關時間的事，不要匆匆忙忙的，不要沒有耐心。等待。帶著滿心的希望——但不要期望——充滿著愛地等待，為了客人也許在任何片刻都會到來喜悅，但也不要為了他還沒來臨而感到挫折。準備好每一件事情以迎接他的到來。繼續不斷地將自己準備好。如果他還未到來，那不過意味著你還不是準備好的。

所以沒有什麼需要感到挫折的。只要環顧四周，看看有什麼可以準備的，準備、準備、再準備。當你的準備臻至完美，當你的寧靜臻至完美，你的空臻至完美時——他就會來臨——他會即刻來臨！

*15*號

要在一個修道院裡成爲平靜的是一件很容易的事。在那你除了成爲平靜的之外又能夠做什麼？但是那個平和是死的，它比較接近於無能。如果有一個人是無能的，那麼他會很容易成爲一個禁慾獨身的出家人。事實上，他又能做什麼其他事情呢？如果你能夠學習到在所有會令人心煩意亂的事情中成爲寧靜的藝術時，那麼這個世界會是一個很大的挑戰。只有那時你的寧靜才是眞實的、眞正的、活生生的。而且只有透過一個活生生的寧靜神才到來到你身上。生活就是神。而一個死的平和是絕對沒有價值的。

所以，身處在這個世界之中，但不要屬於這個世界。生活在這個世界之中，但不要讓這個世界進入你。移動，通過這個世界，但保持不受影響。這是可能的。這是最不可思議的奇蹟，但這是可能的。當它變得可能時，一個人才會首度知道狂喜是什麼。

16號

每一個人都會想要成爲一個和平的人，但只是喜歡並不會使這個人就變得充滿著和平的。人們一直在大喊著要和平，而同樣的一批人卻又一直在爲戰爭做準備。這些人一直在談論和平，卻同時在儲存原子彈、氫彈。他們都是同一批人。

這是一個非常奇怪的現象。人類活在一種這麼矛盾的狀態中的因很簡單，要慾求美好和優美的事情是很容易的，但要落實它們卻又是一件完全不同的事情了。夢想是一回事，但要讓夢想成眞那又是另一外一回事。

每一個人都可以夢想，而且當你在夢想時，你可以夢想美好的遠景，但夢想就是夢想，當你醒來時，它們甚至絲毫也沒有改變你的現實狀況——現實維時同樣未變。於是人會變得分裂！他夢想關於神、關於和平、關於愛這些美好的事，但卻在爲了戰爭，爲了毀滅，爲了暴力而做準備。

一個眞正和平的人必須去經歷過一個內在的蛻變。唯有那時夢想才會變成眞實的。靜心是一種將你攻擊性的能量轉化成和平的能量的煉金術。它將你的暴力轉化成愛。他們沒有什麼不同，它們是同樣的能量。

我們擁有能量，但我們卻還沒眞正的長大成熟，因此我們的能量非常浮躁。靜心是一種成長的歷程。

17號

人類迄今爲止一直在極力的讚揚鋼強，尤其是男人。男人幾世紀以來一直是男性沙文主義者！他讚揚所有那些攻擊的、殘酷的、暴力的、類似戰爭的事情，而譴責一切女性化的特質。

由於這個緣故才會有一個很大的問題升起。這個問題就是：所有那些優美的事物都是女性化的，如果你譴責女性化的特質，那麼優美的事物就會從這個世界上消失。而且我們過去無所不用其極的在摧毀優美的事物。醜已經主宰了美，堅硬被人們讚揚，而柔軟卻被人們反對。

老子說：「不要像一顆石頭般的鋼強，要像水一般的柔軟。」他將他的生活方式稱作是水的方式。他說柔軟終將勝過鋼強，石頭有一天終將消失。如果你讓水一直落在石頭上的話，石頭將會化爲沙石。」當然，現在你無法看到這種事情將會發生，這將會需要時間、但是石頭絕對無法摧毀水。對這個現象，一個人需要時間，但是石頭絕對無法摧毀水。對這個現象，一個人需要比較深的洞察力——一個比較長遠的視野，一個比較寬廣的眼光。

我們的目光非常的短淺。我們只能夠看到至今爲止的事物。我們由於自身目光的短淺而認爲石頭似乎是比較有價値的，而不是水。那些以永恆的視野而看見實相的人，他們所說出來的話是全然不同的。讓柔軟成爲一份禮物。

18 號

溫柔是最神聖的品質之一，因爲要成爲溫柔的首要條件就是要將自我拋棄掉——自我從不是溫柔的。自我總是具有攻擊性，它不可能會是溫柔的。自我從不是謙虛的，對它而言，要謙虛是不可能的事。如果它變成謙虛的，那麼它的整個投射就會崩落。而溫柔是達到存在的道路。

一個人應該比較像水，而非像石頭。而且永遠要記得：到了最後，水終將勝過石頭。

19 號

如果你的生命變得慈悲，那就是證明一個你已經經歷過內在蛻變的具體證明，所有的緊張已經消失，現在有的是絕對的冷靜、絕對的寧靜、絕對的平和。你已經到家了。慈悲變成一個象徵、準則，它顯露出在你存在的最核心曾發生過什麼變化。靜心發生在內在，而慈悲是它外在的表達，是它的顯露。沒有人可以看到其他人靜心的品質，但每一個人都可以看到圍繞在這個人身上的慈悲和愛。他變成愛，他變成慈悲。

深入靜心以達到慈悲。那是生命終的眞理。

*20*號

學習如何變得愈來愈寧靜，學習如何變得愈來愈平靜。享受寧靜和平靜。那些是爲了那個最終的客人而做的基本的準備。當你處在深邃的寧靜中時，就會有能力迎接神性的主人。

*21*號

宗教必須出自於愛，而不是恐懼。不用害怕地獄——地獄並不存在，從來沒有存在過。它是教士創造出來用以剝削人類的想像物，而教士已經剝削人類許多世紀了。……天堂也不存在。是的，的確是有某種的天堂和地獄，但那是心理上的——存在在你裡面。

它和任何地方——某個在地球下或是天空上的地方——都沒有關係。丟掉將神視爲一個人的概念。教士將神稱作天父只是要激發你的恐懼，因爲每一個小孩子從開始時就一直在害怕父親。沒有一個像人一樣的人在天上，而且在天堂裡也沒有超級父親。神不過意味著這整個存在，它是生命的另一個名字。熱愛生命，將所有的一切獻給生命，儘可能全然地過這個生命，全然地將你自己投住在生命中而沒有任何的退縮，如此一來將會有很大的喜樂升起，喜樂有一個開始但是不會有結束。

22號

當你自內走時，那些已經進入過的人不可能爲任何人留下任何足跡。那是不可能的事，因爲每一個人內的領域都是如此的不同，以至於佛陀的足跡將不會對你有所幫助，而如果你在字面上跟隨佛陀的脚印，那麼你將絕不會找到自己。

耶穌的地圖將不會對你有所幫助，你不能照字面上跟隨他。耶穌的地圖可以以一種非常間接的方式對你所有幫助，它可以使你察覺到某些內在的事情，但那在某種意義上是非常模糊的，它可以給你一種信心——是的，的確是有一個內在的世界，這是確定無疑的，因爲這麼多的人不可能都是在說謊，佛陀、耶穌、查拉圖斯特拉、老子、馬哈維亞、克里虛那、穆罕默德——這麼優美的人不可能會說謊。他們不可能串謀騙人，爲了什麼？他們從未同時存在過——他們處在不同的時期，不同的國家——然而他們幾乎全都使用同樣的語言在說話……。」

但是你不可能一模一樣地跟隨佛陀的話，因爲佛陀內在的領域和你是不同的。每一個個體都是獨一無二的，如此的獨一無二以至於你必得完全單獨地去發掘你自己，因此這會需要很大的勇氣。

這是生命中最大的冒險，而進入這個冒險的人是一個受到祝福的人。

23號

生命是音樂，而頭腦是噪音。我們因爲這個吵雜的頭腦而無法聽到生命的音樂。除非我們讓頭腦和它的噪音停止，否則我們永遠無法知道生命優美的音樂。

當欲求達成的頭腦停止時，音樂就會存在。當欲求達成的頭腦運作時，音樂就不會存在。那是所有的宗教，所有的神祕家的全都是祕密。如果一個人可以了解到這個簡單的祕密時，生命中就不再會有更多需要了解的。這一點就夠了——這是一把萬用鑰匙。

24號

喜樂非常的接近於神性的體驗，因爲神性存在於最終的喜樂，它是存在於宇宙中的和諧的另一個名稱。我們所謂的喜樂其實只是它的一小滴而已。但即使只是一小滴，也包含了宇宙的整個祕密。

那就是喜樂的吸引力所在。它釋放了在你內在的靜心，釋放了那個被囚禁的光輝。在那些少許的片刻中，監獄所有的圍牆消失了。在那些少許的片刻中，你被轉換進入另外一個世界，在那些少許的片刻中，你超越了時間和空間，你變成無限的，沒有束縛的。那是一個開始，一個永遠不會結束的旅程的開始。

喜樂誕生自很深的靜心。喜樂是一種要在外在創造出同樣的發生在很深的靜心中時，你內在的情境的努力。因此一個眞正的靜心者會是眞正的音樂家。他也許會演奏，也許不會演奏。他也許會譜曲，也許不會譜曲。但他知道那個祕訣，而眞正的音樂家注定遲早會撞上靜心。他不可能與靜心擦身而過太久，那是無可避免的，因爲外在會激發內在，它會挑戰正在沉睡之內在的音樂。而且同樣的音樂就隱藏在整體的存在中，因此我將音樂稱作是存在中最神聖的現象。

25號

靜心就是是音樂，最終的音樂，無聲的音樂，寧靜的音樂。它遠比任何我們能夠透過聲音創造的音樂都更豐富，更深邃。因爲聲音最終來講也是一種干擾。我們可以讓這個干擾變得比較悅耳一點，但它仍然是一種干擾。寧靜意味的是沒有干擾，沒有東西在擾動，但是在那個沒有文字、沒有聲音的狀態中會有偉大的音樂，會有偉大的和諧。靜心會引領我們進入那個寧靜的狀態，除非一個人知道那個寧靜，否則他將不會覺知到他在他的心裡攜帶著什麼。他保持對他自己的王國、對他自己的財富、對他自己的寶藏不無所知，他保持是一個乞丐。然而他其實在任何一刻都可以是一個國王——只要向內轉就夠了。寧靜具有化腐朽爲神奇的力量：一旦你穿透過聲音的屏障，一旦你經過聲音的屏障而進入你存在的最核心部分時，你就是抵達整體的最中心部分了。那些曾經聽過它的人，他們用很多名字去稱呼它，其中一個名字就是神。

26號

神不是一門哲學，神比較像是音樂。神不是一門神學，神比較是像是一爲詩。神不是一個學說，它比較像是一支舞。開始在這些方向上去找尋神，那時你就會正確地移動，你將會到家。

在外在的世界以及內在的世界都要跟著音樂走。不需要去任何的廟裡，音樂就夠了。學習去傾聽存在的音樂，風穿過松林的聲音，或是水聲，或是海洋非比尋常的舞蹈。用心地，注意去聽，沒有思考地去聽，不用頭腦地去聽，好讓它能夠穿透到你存在的最核心。那時你將會驚訝，聖經無法給你的，吉踏經無法給你的，音樂可以給你。

27號

生命中沒有靜心的人會是一個在他的心中沒有任何的歌，在他的存在裡沒有任何的詩，沒有任何的慶祝的人。他的春天仍未來臨，他的花朵還在等待，他們還未具實現，他還未開花，他的芬芳還未被釋放。他只像是一顆種子般，縮在他自己裡面——而沒有覺知到，完全沒有覺知到他會是什麼、以及他是什麼。他一直在過一種平凡的生活，沒有喜悅，沒有喜樂，沒有舞蹈。他在苟延殘喘，生命對他而言，像是一個負擔：眞不知他怎麼有辦法拖著生命在走。事實上，死亡看起來比較像是一個解放，遲早每一件事情都會結束然後一個人就可以在墳墓裡面休息了。生命是一所學校，我們爲了學習某些東西而來到這，而我們要學習的最重要的事情就是如何歌唱，如何舞蹈，如何慶祝，所有這些事情只有透過靜心才可能會實現，靜心會釋放出你身上所有的能量。於是會有千萬朵的花開始在你的存在綻放。那時天堂再也不是存在於死亡後的世界，天堂就在此時此地。當天堂存在於此時此地時，只有那時它才是一個眞正的天堂。

28號

慶祝是朝日眞理的第一步，它是一個很深的內在的舞蹈。一個人必須丟掉所有阻礙那個舞蹈發生的制約，一個人必須丟掉所有阻礙生命變成一個慶祝的制約。而我們全都帶著多的制約，而所有的制約都是反對喜樂的。

事實上，宗教已經幾乎變成嚴肅的同義複詞了。信仰宗教的人看起來這麼的憂愁，好像笑是一個罪似的。他們無法歌唱，無法跳舞、無法享受任何事情。他們反對生命。這不是發現眞理的方式。

熱愛生命，愛上生命中的小事情，很小的事情。吃東西、走路、睡覺——只是生活中平凡的活動也必須被蛻變成一種樂趣。帶著一種無比的喜悅去做這些事，讓他們全都變成一種歡舞。如此一來眞理就不遠了，如此一來它每個片刻都會變得愈來愈近。當你的喜樂全然時，眞理就會降臨在你身上。而眞理會解放一切。

29號

如果人可以變成歡笑的話，如果人可以變成愛的話，那麼他不需要任何其他的祈禱？他已經進入神聖的世界了。

我從來沒有看過任何憂愁的人進入神過。朝向神的唯一一條路就是跳舞的道路。所以學習如何去跳舞，歌唱、慶祝、歡樂，那時你將在每一個地方遇見神。那時每一個經驗都是神聖的，平凡的事情開始變化成非凡的，凡俗消失進入神性。整個生活變得如此的充滿著神性，以至於問題並不在於在天空上的某個地方會有某個神。每當你身處何處，會衆神圍繞著，你的所到之處永遠都會是聖潔的，那時每一顆石頭都銘刻著一首講道，每一塊岩石都是一個經典。我們需要的只是一顆心，一顆歡舞的心，去看、去感覺、去存在！

30號

我和這個世界以及生命處於無比的愛之中，而我也教導我的門徒成爲生命的熱愛者。與風共舞、在雨中歡舞，與樹共舞，而後你將會訝異於宗教不是被寫在經典上的，宗教就遍布這整個存在。你也許從雨後的彩虹有一個瞥見，你也許從孔雀的舞蹈或是遠方的布穀的鳴叫而有一個瞥見，或是某個人在吹笛子時也可能讓你會有一個對存在的瞥見。

宗教不是一個死的東西，宗教是非常活生生的，而你也必須要成爲活生生的才能夠和它接上線，如果你活在痛苦之中，那麼你就是活生生死亡之中。如果活在喜樂之中，你會變得愈來愈活生生。當你的喜樂達到一個高峯時，一個性高潮的高峯時，你就會與存在接上線。而那個連接會自動向你證明生命並不只是物質的存在，而是有更多。而那個「更多」是無法定義的。你也以將它稱作是甲、乙、丙、成道，道，眞理，神性，但這些都只是用來指涉某種無法被容納在任何文字中的文字。

31號

整個我構想出來的人類是屬於舞蹈、歌唱、愛、歡笑的人類。我想要讓整個地球充滿著笑聲、音樂、詩、畫、創造力，以及更多的敏感度。一個愈敏感而具創造力的人就愈會具有宗教性。他愈具有創造力就愈會接近創造者，這是顯而易見的事實。所以要歡欣慶祝生命——記住，這是我對你們大家的訊息！

九月
跳著舞走向神

1號

智慧是一首歌，它並不嚴肅，它是很戲謔的，它不是憂愁的，而是慶祝的。而且除非智慧是一首歌，否則它就不是眞正的智慧。那麼它只是知識，不過知識而已。它只是在假裝成智慧。但是眞的智慧也可以變成一首歌，它終會變成一首歌，而這只會誕生自靜心。除此之外，別無他路。

2號

生命必須被歡欣慶祝、生命必須全然地被活過。神創造出這個生命，但他似乎不是一個禁欲苦行的人，否則又怎麼會有這些花、彩虹和蝴蝶呢？爲的又是什麼？

神不是一個禁欲苦行的人——這一點至少是絕對肯定的，神是愛，是一個創造者、一個詩人、一個歌者、一個舞者、他也不是一個完美主義者，他熱愛成長、熱愛探索詢問，他喜歡人們去發掘他們自己。他對人們靠自己去成長具有無比的興趣。他接受說有的時候人會迷路，否則他們無法成長。而他也接受說他們會犯錯，沒有任何人可以沒有犯過錯誤而學習。

神並不是一個聖人——這一點至少是絕對確定的。如果有任何神存在的話，那麼他將會是像我的門徒一樣：完全地愛上存在與生命，否則他就不會去創造生命了。你必須去學習一種新的宗教內涵，一種會唱歌、跳舞、慶祝的宗教內涵。

3 號

在生命中歡欣慶祝是唯一一條朝向神的道路。跳著你的舞走向神，放開你的笑聲走向神，唱著你的歌走向神！神現在一定已經對你們那些嚴肅的聖人煩透了。幾世紀以來這些愚蠢的傢伙……看到所有這些聖人，他若不是會去自殺、就是會瘋掉，否則他一定會逃跑。如果你環視生命，如果這個生命是神的創造物的話，如果這個生命是神的自我表達的話，那麼神一定是一個會跳舞的神，充滿著花朵和芬芳、充滿著歌，充滿著音樂，非常的具創造性、敏感度……如果這個生命可以算是證據的話——除了這個生命也沒有其它的證據——那麼神不可能會是一個嚴肅的人。

4號

靜心可以使你覺知到偉大的音樂——內在的音樂和外在的音樂。它就在此、但是我們並不警覺，我們並不清醒，因此我們會一直錯過它。否則這整個存在除了音樂以外別無其它東西。那個音樂被神祕家稱作是「神」。神並不是一個人，而是存在最終的和諧。它是一支交響樂，每個東西都和其他每個的東西共鳴，樹和地球共鳴，地球和風共鳴、風和天空共鳴、天空和星星共鳴……。沒有階層之分。即使是最小的一片樹葉也和最大的星星同等的重要。他們兩者都對存在的交響曲作出貢獻。都豐富了這支交響曲、也增強了這支交響曲。

5號

我們沒有什麼可以獻給存在的東西，但我們可以歌唱，我們可以跳舞，我們可以演奏優美的音樂。我們可以將自己的整個生命蛻變成一首歌，蛻變成一支舞，蛻變成一個慶典——而那就是我們可以呈現給存在的眞正東西。將花朶從樹上拔下來而後他們獻給存在是愚蠢的，因爲這些花朵是樹的，而不是你的。事實上，樹已經將他們獻給存在了。他們在樹上時還是活的，而你卻將他們殺死，你已經毀掉他們的美，你是在將死屍獻給存在。

你也不能將耶穌的話獻給存在，那是他的話，他的歌。這些話的確是很美，但它們是借來的。它們不是從你的內心升起的，它們沒有帶著你的心跳，沒有帶著你的簽名。你可以獻出克里虛那、或是佛陀的優美的歌。但那全都是借來的。

我走向存在的基本方式是，每一個人都必須讓他的意識成長爲一顆開花的樹。每一個人終將必須綻放出自己的花朵。而且當然，人類的花朵不會像樹的花朵一樣，它們也不會像玫瑰花、或是蓮花、或是金盞花一樣。人類的花朵會是愛，會是自由、喜悅、會有一種最高的品質，我將它們稱作是歌。

當歌者在他的歌中失去自己時，在那一刻，他將這首歌獻給存在。當舞者在他的舞中失去自己時，在那支舞中，舞者已經獻出他的舞了。當你開始將你的喜悅，你的愛，你的歌呈現給存在時，你將會吃驚於當你獻出得愈多，就會有愈多一直灑落在你身上，它會千百萬倍地回來。

6號

森羅萬象以這麼深的和諧在運行著，而人類卻保持對此不知不覺。那個不知不覺變成他的痛苦，於是他開始活在他自己創造出來的惡夢的折磨中。否則生命是一個慶祝，生命是一個持續不斷的慶祝，一個沒有結束，不斷在持續的慶典。我們只是必須去變得稍微寧靜一點，就可以聽得到了。但是當我們絕對地寧靜時，當我們不只是寧靜的，而是寧靜本身——那時我們便會消失，那時我們是這整個宇宙性和諧的一部分。那是人類和存在的交會，部分和整體的交會。

就某個意義而言，我們消失，我們以一個自我，以一個人的存在而溶解。但我們同時也變成了整體，就另一個意義而言，我們首度眞正存在。露珠消失而成海洋。它並沒有失去什麼，它只是失去了原本不值得保有的界限罷了。事實上，這些界限其實在爲它製造出整個問題：恐懼、顫抖、不斷地在杞人憂天，在恐懼它將會死亡。

事實上我們所有的界限都是由我們的死亡畫出來的。我們被我們的死亡所界定。當我們失去我們的界限時，也就失去了死亡。那時我們就是永恆，那時我們是無限的。

記住這一點：如果你變得愈來愈警覺到一直存在在那的偉大音樂，那表示你的靜心成功了。這需要的只是一雙帶著同感力的耳朵，靜心會創造出那雙耳朵，那顆心。

7號

我們的生命不值得被稱作是生命。唯有當你開始走在超越死亡的向度時，生命才算開始。那就是靜心的作用：它一個策略、一個設計、一把走出死亡的梯子。只要對那超越的一個瞥見便已是夠。那時你會知道只有身體會死亡，但你不會。你在出生前就已經在這，而且你在死後也將還會在這。你是永恆的一部分。當一個人經驗到這個時，他的生命將會充滿著喜樂，在那個喜樂之中，他會感覺到存在祝福、關心著他。那時很自然地，很自發性的，感激會升起。我將那個感激稱作是祈禱。其他所有的祈禱都是假的。眞正的的祈禱只有當你已經體驗到祝福以及它所帶來的喜樂時才會升起。那時你自然會去感謝，你會向存在俯身敬拜。你感覺到這是一份多麼大的禮物——而你甚至不曾開口要求過，你甚至不配擁有它。沒有人值得擁有它，沒有人配得起這份禮物，但存在基於它的充裕而不斷地在給予。

8號

祈禱像是一朵花。喜樂像是花朵綻放的春天。當花朵打開它的花瓣時，散發出它的芬芳，被囚禁的芬芳釋放而出。當祈禱不帶努力，很自發地，自然地開始流溢而出時，當你就只是充滿著感謝——根本不為任何特別的理由，只是存在便已足夠了。

達到那個芬芳就是來到了你生命的高峯、高潮點。那時你會感到心滿意足和無比的滿足感。你已經到家。

9號

古代優婆尼沙經的先知有一篇很優美的祈禱。那是人類曾經說過最優美的祈禱。這個祈禱是：噢、上主，請將我從黑暗引領到光明之中。噢！上主，請將我從謊言引領到眞理之中。噢！上主，請將我從死亡引領到不死亡中。」

這是一段優美的祈禱文，最優美的祈禱文之一。但是在經過五千年之後，我覺得現在它需要稍許的改進。

我不會說：「請將我從黑暗引領到光明之中。」因為黑暗根本並不存在。我會說：

「請將我從光明引領到更加光明之中。」我不會說：「請將我從謊言引領到眞理之中。」因爲謊言並不存在，我會說：「請將我從眞理引領到更多眞理之中。」我不會說：「請將我從死亡引領到不死亡中。」因爲死亡並不存在。我會說：「請將我從不死引領到更多的不死亡中，從生命引領到更豐富的生命，從完美到更加完美之中。」——如果那是可能的，因爲平常我們認爲完美意味的是一個結束，但我並不以爲然。完美可以變得更加完美，完美會一直變得愈來愈完美。它在每一個階段都是完美的，但那個完美並不是封閉的，而是開放的。它總是會變得更加豐富，它總是會變得愈加多姿多彩，帶著新的歌，新的舞、新的慶祝。進化永遠不會有結束的一天。

*10*號

在這個世界上只有兩種類型的人。有些人他們總是在要求更多，而從不享受在他身邊垂可得的事物。當他們要求的東西得手之後，他們又會開始要求更多東西。他們不知道什麼叫做享受，他們一輩子都在將享受延緩在後。他們的生命除了一長串的延緩之外別無其他東西。永遠都是明天，明天、明天。今天他們必須去工作，今天他們必須去賺錢，明天他們就會完全地放鬆休息然後享受了。但是明天從不曾到來，永遠都只有今天。

因此他們不知道生命是什麼而活著。

第二個範疇是那些享受他們所有，而不會爲要得到更多而操心的人。而令人不可思議的是，每一天他們都會有更多又更多可以享受的事物。他們悠遊享受的能力一直在增加。他們持續不斷地在練習它，他們每一分每一刻都在享受，他們對享受變得愈來愈熟悉，他們變得對於喜悅的藝術愈來愈在行，他們變得對於歡樂的各種微妙的滋味非常的敏感。他們所有的感官都變得很活生生，他們變得聰明無比。

出於那個聰明，覺知、敏感，下一個片刻將會誕生。而他們當然會比這個片刻更加享受下一個片刻。他們的生命將會是一個持續不斷地在加深的過程，他們將會走進深度的向度中。

*11*號

人類帶著所有成爲神的潛力而來到這個世界上，但卻維持只是一隻動物，箇中的原因很簡單，因爲他讓自己囿限於未經過鍊造的能量。他從未試圖去將那些能量改變成某種鍊過的型式、它們可以被改變：憤怒可以變成慈悲——只要經過靜心就可以了，貪婪可以變成分享，肉慾可以變成愛、愛可以變成祈禱。然而我們卻活在梯子的最底層，我們活在出生時的原點上，我們從未認爲自己是具有潛力的人，我們將生命視爲理所當然，好像我們打從娘胎開始就已經是完整的、完全的、完美的。但情況並非如此。我們帶著成爲完美的能力而誕生，我們帶著所有足以抵達那個最高峯的潛力而誕生。但是那只是一個潛力而已——潛力必須被實現。而要實現它，你將會需要某些方法。

一個特定的科學是需要的，那就是靜心的科學。它完全不是一門複雜的科學，它非常的簡單，但我們卻一直在錯過生命中最簡單的事情情況，有的時候就是會這樣發生。我們錯過顯而易見的事物，因爲我們總是在期盼遙不可及的東西，我們總是被遙遠的，遠方的東西所吸引。而最近的東西卻總是伸手可及，一旦你開始向內走時，你將會訝異於它是一個如此簡單的現象，但卻有無予倫比的美，只有你所想像不到的喜悅，想像不到的花朵。你怎麼會錯過它這麼久時間呢？你將會無法對你自己作出解釋，爲什麼以及你是如何能夠等待這麼久的。而它可以將你的整個存在蛻變成金。

12號

一旦你進入靜心的世界中時，你的視野，你的眼光會立即改變。你會開始感覺到你在這裡並不是一個意外，你在滿足來自於整體的某種需要。

在你背後存在著整體，但這只有在深深的寧靜中才能被發覺到，當你的思想、你的頭腦、你的自我完全停止時。在那個清明之中，當所有的烏雲已然消失，陽光普照，在那個光亡下，生命立刻就被蛻變。它開始變得有意義，具有重要性，而喜樂和祝福亦將隨著意義和重要性而來。

*13*號

就如同每一棵樹都是根植於大地般，每一個意識都是根植於神。神意味最終的意識。而靜心就是將你帶到你存在之源頭的橋樑。一旦你體驗到處身在那個源頭中的喜悅滋味時，那時生命中其他每一件事情都會變得沒有意義。那時你可以繼續活在日常生活當中，但這全都會是一種表演，這是一齣優美的戲。你會儘你所能的將這齣戲演好，但現在你會知道你不是他的一部分，這只是一個角色，這不是你的存在。一旦這扇窗戶打開時，你就被蛻變了。而那就是點化成爲門徒的目的所在：爲的是要打開那扇窗戶，好讓你可以眞的知道你是具有神性的。

14號

如果你在人的內在搜尋探索時，你將會發現它只是由一堆的「不」、「不」、「不」堆積起來。你可以繼續挖下去，然後你會發現愈來愈多的「不」，愈來愈大的「不」，「是」非常的難得一見。即使如果你發現到「是」，那也會是一個痲木的，無能的「是」。那個可憐的「是」將會被扼殺過，並飽受驚嚇的！即使如果它在某個角落或是隱密的地方存活下來時，它也會是奄奄一息、而不是活蹦亂跳的。

生命可以變成一個全然的「是」，但我們首先得要改變自己的整個模式。你所有的「不」都可以被融解而重塑成「是」。這個工作並不像人們所想的那麼的難。這眞的不是一件不可能的事。及已經發生在很多人身上過了——佛陀、查拉圖斯特拉、耶穌、畢達格拉斯、載奧眞尼斯、老子。它已經發生在全球很多人身上過了。它也可以發生在你身上。它應該發生在你身上。而那就是我所謂的從一個散文般的生活方式轉換到一個詩般的生活方式，從數學轉換到音樂。如此一來生活就是一首歌、一個無比的狂喜。

我所教導的不是一個愁容滿面的宗教。我反對所有那些虐待狂和被虐待狂式的宗教。我教導的是一種新的宗教內涵，它是根植於愛、而不是恐懼；根植於現在，而不是未來;根植於愛、而不是邏輯。

15號

人可以活在一種屬於「不」的人生，或是屬於「是」的人生。如果你活在一種屬於「不」的人生，那麼你會變成一個戰士，你持續不斷地在抗爭。那時人生就只是一場鬥爭、一場戰爭、而你在對抗其他每一個人，這當然會是一場必輸的戰爭，你注定會失敗。人不可能與整體對抗而得到勝利、這整個想法本身就是愚蠢的。但這個想法卻對自我很有吸引力。自我總是會想要說「不」。「不」是自我的食物。「是」是具有創造性的，「是」是創造者的道路，愛人的道路。「是」意味著臣服，如果「不」意味著戰爭，那麼「是」就意味著臣服。對整體臣服、如同信任朋友般的信任整體——對抗是沒有必要的——信任生命和存在。學習去說「是」，學習成爲「是」——一個全然的「是」——不要有所保留，而且不要在說「是」時設下任何的條件。而後你將會大吃一驚！生命會開始突飛猛進的成長，生活會開始變得如許地燦爛奪目，如此的美，如此的優雅，這是人做夢也想像不到的事情。生活可以變成一個永無止盡的狂喜。在你這邊所需要做的就是將你的大門和窗戶打開。好讓你可以對風、對太陽、對月亮、對雨、對整體說「是」。

*16*號

平常人活在一種封閉的生命當中。他們不會將他們的門和窗戶敞開，他們活在恐懼和躲藏之中，總是在害怕未知。他們不允許太陽、雨、風進入他們的存在。但如果你將一盆玫瑰花放在你的房間，並且將所有的門，所有的窗戶關上，以至於沒有風、沒有雨、沒有陽光可以進得來的話，你也無法指望這株玫瑰花將會存活下來，它會死亡。那就是人們的樣子——要死不活。他們活在一種死氣沉沉的生命當中，那只是拖著命在活罷了。

想要眞正的去活，那麼一個人必須對所有的一切坦然接受。必須是敞開而沒有保護的，他必須丟掉所有的恐懼。對他而去，只有一件事是他不敢做的，那就是恐懼。除了恐懼以外，絕不要害怕任何東西，因爲恐懼會扼殺你，使你失去行動的能力。儘管有所有這些恐懼，但是當你開始朝向未知前進時，你的生命會開始有很多以前從未察覺到的新發現。因爲當冒險愈深入時，你的狂喜，你的戰慄也會愈深入。

當你開始走進未知的領域中時，就會有這麼多的挑戰必須去面對，去碰頭，因此很自然的你會變得比較覺知，比較警覺、比較有意識。你必須如此。這是走在剃刀邊緣：那時你怎麼可能昏昏欲睡，打馬虎眼呢？你必須要小心並且警覺，這是很危險的。而每當有危險存在時，你的聰明睿智就會變得更敏蜕。而當聰明睿智變得敏銳時，狂喜隨之變得更大，而你的每一個移動都充滿著狂喜的顫慄。

只有在冒險、狂喜、整合、危險、危機、聰明、覺知的氣候中，我們內在的本性才會打開，花苞才會變成一朵花。

17號

從你不再害怕未知的那一刻起，未知會立刻敲叩你的大門。如果你在害怕，那麼它也不會去打擾你。神從未去干涉過任何人的生命，因爲他喜愛人的創造力。所以他留給每一個人全然的自由，甚至包括反對他在內——那也是自由的一部分，即使是將神拒於千里之外也包括在內——那也是自由的一部分。但以那種負面的方式去使用自由是愚蠢的。以一種正面的方式去使用自由，使用自由去迎接那個未知的客人，使用自由去創造信任，愛和喜樂，好讓神能夠穿透你。

你的存在和整體的存在之間的交會就是光明的開始，永恆的生命的開始，不朽的生命的開始。而那是每一個人都在找尋的——不管他是知道還是不知道。每一個人都會想要知道什麼是不會毀滅、不會被帶走的。每一個人都想要走入光明之中，每一個人都想要有可以看得到實相的眼睛、都想要有清明透徹的見識，但人們卻一直在做那些實際上是在阻礙他們的洞察力，妨礙他們的見識，傷害他們的本性的事情。

*18*號

如果你選擇舊的事物，那麼你就是在選擇痛苦。如果你選擇新的事物，那麼你就是在選擇喜樂。讓這成爲一把鑰匙：永遠都要選擇新的，未知的，危險的、不安全的，因爲只有透過冒險人才會成長。而成長就是喜樂，成熟就是喜樂。

對舊的事物絕不要有片刻的執著。要持續不斷地將任何老舊的事物丟掉。當過去的事情結束時，就讓它眞正的畫上一個句點。絕不要回頭看，也沒有什麼值得回頭張望的，人必須要向前走，永遠都要向前走，不能回頭看，要有一點冒險犯難的精神。

這就好像是在爬一座人跡未至的高山般——這當然會是危險的，因爲從前並沒有任何人到那去過，在走向山頂的過程中你必須去創造你的路，而且當然會有很多的危險，但危險總是好的，因爲透過危險，我們會變得警覺、覺知、有意識。

危險、危機和不安全會使你覺知。而覺知是最有價值的品質，因爲透過覺知其他每一件事情亦將隨之而來？愛、喜悅、神性、眞理、解放。

19號

關於危險的一件最美的事就是它會帶給你警覺、覺知，因此那些會去爬地圖上沒有標示的、未知的山峯的人實際上是在尋求覺知。他們並未察覺到自己是在找尋什麼。那些冒一切的險旅行到南極和北極的人，那些跑到月球上去的人並沒有察覺到他們實際上是在探尋什麼。他們是在探尋覺知、但並不是很有意識地在做。至於一個靜心者則是有意識地在探尋。不需要去喜馬拉雅山或是月亮上、因為在你內在便有更高的山峯，在你內在便有更漫長遙遠的路，在你的內在便有更重要的星星，那裡有整片天空，那裡有整個宇宙。但它比登陸月球或是埃弗勒斯山更危險得多，人的內在是最危險，最冒險，最浩瀚的空間，因此非常少人敢去那裡。從座落在所在的高峯上跌落下來，你會掉落到一個你以前從未知道過之更深的深淵。

但其實並沒有任人會從這座內在的高峯上跌落過，原因其實很簡單：因為當你走得更高時，你會變得愈警覺、愈有意識，你會變得覺知到那個剃刀邊緣。你像是一個必須要或為覺知的，非常覺知的走鋼索的人。他無法想到過去，無法想到未來，這一刻就已自行圓滿，他必須處於此時此地，才不會跌下來。但我從未聽說過有人從意識的高峯上掉落下來的。的確是有危險存在，而且由於有這個危險，所以非常少人進入內在的世界，一個人自己本性的領域。

20號

外在的世界不會使人滿足，因爲它是一個變動不居，短暫的世界，而我們最內心深處渴求的是永恆。人不可能從外界獲得滿足。所以，在外在的世界上對短暫的事物要保持愉快的心情，但不要要求它應該保持永恆。在外在的世界上沒有任何東西可以是永恆的，將短暫的事物裡爲短暫的而享受之，並且非常清楚的知道這是短暫的。

在清晨時分綻放的花朶到了傍晚時必定會萎謝死亡。它隨著日出而來，隨著日落而去。所以要歡欣慶祝！我並不是說花不好，而是要你們記得，不要執著，不要期望，否則你將會覺得幻滅。在外在的世界中歡欣慶祝短暫的事物，而要在內在的世界探尋那個永恆的，在那你將會找到衆神的瓊漿玉液，找到那個永恆的，不死的——神聖的。一旦你找到以後就再也不需要去發現其他東西了，那時一切都是喜樂的，一切都是喜悅的。生命被滿足了。你已經到家。

21號

人類是一個梯子——在他身上有很多的可能性存在，因此這既是一個危險也是一個尊嚴，既是一種光輝也是一種煎熬。掉到梯子下面是比較容易的事，掉落永遠都比較容易，它不需要花什麼力氣去努力。向上升需要努力，如果你想要爬得愈高，就會需要愈多的努力。如果你想要抵達意識的最高峯的話，那麼你將必須去冒一切的險。

人不應該將他的存在視爲理所當然，因爲人根本就沒有存在——他有的只要一個從最上端到最下端的可能性，那是人的美，也是他的痛苦。他是存在裡唯一會焦慮不安的動物，唯一會感到痛苦難過的動物。他總是處在十字路口上，他每一分鐘都必須選擇！存在或是不存在，要成爲這個或是成爲那個。他被撕裂成碎片。成爲門徒是一個決定，一個要升到最終之高峯的承諾。

22號

處在這個世界上，但保持絕對不會被觸碰到，不會與之認同。

那就是所謂的門徒生涯：活在這個世界上，但卻不是存在於這個世界之中；活在這個世界上，但不會讓這個世界活在你身上。去經歷這個世界，並充分的覺知到一切都是短暫的，所以你不需要覺得受到打擾，你不需要為這些稍從即逝的事物而心煩意亂。

那時，災阨和喜樂、失敗和成功都是一樣的。當你可以看到黑暗和光明，生和死全都是一樣的時候，將會有一種無比的平靜，一種安寧、一種平衡發生在你身上。那個深邃的寧靜就是眞理。

23號

活在侷限之中就是活在憂鬱愁悶之中，活在一種沒有尊嚴的狀態之中。那是對人最大的羞辱，因爲我們的存在需要整片天空，唯有如此它才能夠跳舞，才能夠歌唱。否則每一件事情都會爲之癱瘓、沒有足以乘風翱翔的空間，沒有足以移動的空間。

而人活在侷限之中：身體的侷限、思維的侷限，情緒、心情的侷限。這些全都是一層又一層的侷限。這所有這些侷限都必須被超越。

人絕不應該滿足於任何的極限。每當你來到一個極限上的時候，試著去走出這個極限。當所有的極限都被超越時，當你已經達成無限的時候，那表示你已經來到存在，你已經到家了。

24號

蓮花生長自淤泥——最美的花生長自汙穢不堪的淤泥。那意味著汙穢的淤泥也蘊含有某些優美的東西在內。所以不要否認汙穢不堪的淤泥存在的價值，它蘊含著蓮花。一個人會無法想像得到這朵優美的花，這朵纖細脆弱的花，這朵帶著如斯的芬芳，如斯優美的顏色的花會是來自於平凡的淤泥。

人就如同平凡的淤泥般誕生在世界上，但人們內在也蘊藏著一朵蓮花——只不過它還是一顆種子罷了。但是人不應該因此而否認他存在的價值，他必須去接受並且蛻變自己的存在。這個世界不應該被拒絕，因爲它蘊含著某些優美無比的東西在內。那些東西並不存在於表面，它們必須被帶到表面上來。

因此我不會反對任何東西：不會反對身體，不會反對世界，不會反對外在的世界，我不會反對任何東西，但我贊成去蛻變所有的東西。無論存在給予什麼都會是有價值的，如果我們無法了解它的價值何在，那是我們的錯，我們的世界太小。

關於蓮花，要記得的第二件事情是：它活在水中，但水並未觸碰到它。它有絲絨般的花瓣，即使如果露珠聚集在花瓣上，他們依然是分開的。

活在這個世界上，但不要讓這個世界進入你。處在這世界上，但不要屬於這個世界。保持疏遠，保持冷靜，保持不被觸碰到。如此一來這個世界就會有很多可以學的東西。它是存在設計出來的一個讓我們成熟、成長的環境。

25號

普通人活在黑暗之中。我們誕生在黑暗中。事實上，黑暗在開始的時候是一個基本的需要。母親的子宮是黑暗的。這是需要的，因爲光對一個正在長大的孩子而言完全會是一種干擾。孩子是如此的柔軟、稚嫩，他需要絲絨般的黑暗圍繞著它。而且嬰兒一天二十四小時地在母親的子宮裡熟睡，在這九個月之中，嬰兒如此迅速的在成長，因此他需要不被打擾，否則能量將會被分散開來。每一樣東西開始時都是在黑暗中成長的。你將種子放在土裡面！挖一小個洞，然後將種子放進去。如果你只是把它丟在地上，它也許就不會長出來，因爲那裡太亮了。它需要在子宮、大地的子宮裡成長——那裡是黑暗的，一旦種子開始成長時，它會開始冒出地面，開始向太陽、向月亮、向星星伸展而去。

當孩子誕生時，他在身體上是進入光明之中，但在靈性上仍然是處於黑暗之中。而那個黑暗只有透過靜心才會被驅散，因此靜心可給你第二度的誕生。第一度的誕生是身體上的，第二度的誕生是靈性上的。你們在身體上是處於光之中，現在你們也需要另一度的誕生——好讓你在心理上、靈性上都是處在完全的光明中。

光明是存在的另外一個名稱。當你誕生進入那個光明中時便是開悟、成道。你不再是二，你不是看者，看不見光。你變成一，你是光。

26號

從鳥兒身上學習他們的歌唱，從樹身上學習他們的舞蹈、從河流身上學習他們的音樂。一旦你敞開時，你將會大吃一驚！，整個存在是這麼詩意的現象。

一個人並不需要去追究、探問一切的意義，因爲如此一來那會變成一個哲學的探問。當你問：「這件事情的意義何在？」時，你已經失去詩的縱跡了。當你開始與樹共舞而不去問：「和這棵隨風搖擺的樹共舞的意義是什麼？」時，你成爲詩性的。而奇蹟中的奇蹟在於，那個不去關心事情的意義何在的人會發現事情的意義。與樹共舞，與鳥兒共同歌唱，與海洋共游，你將會發現意義，不用去追尋，只要變成這個優美的存在的一部分就夠了。

唱著你的歌，因爲每一個人都在他的心中帶著一首歌而來，除非你將它唱出來，否則你將會保持是不滿足的。你必須去做屬於你的事情——那就是我說的唱著你的歌唱意思所在。無論你覺得想要做什麼事情，就去做！不要擔心別人會說什麼，那是無關緊要的。繼續堅持下去你想要做的事情，不要去顧慮結果如何。不要妥協。

詩人眞的是非常叛逆的人，他從不會妥協。如果他妥協了，那麼他就不是一個詩人，而是一個商人。如果你不去妥協，你的愛將會滔滔不決的成長，唱著你的歌，你將發現到愛會從被隱藏在裡面的泉源中湧滾而出。愛將會從你身上滿溢到別人身上。

*27*號

當你寧靜時，你的潛力將會開始向你低語，向你說話。這些低語是絕對無需辯駁地確定——不會有什麼可是和如果。心對可是和如果一無所知，它只是知道：這就是你的命運，成爲一個畫家，或是詩人，或是雕刻家，或是舞蹈家，或是音樂家。它只會對你說：這就是你自我實現的方式。它開始引導你。

師父的作用就是在幫助你成爲寧靜的，好讓你可以聽到你內在的低語，如此一來你的生命會開始透過一種內在的規範而移動。所以我不會給你們任何外在的規範。我會幫助你們去發掘你們內在的洞察力，如此一來你是自由的，你會在自由之路上前進。

所以門徒點化並不是一種綑綁，並不是一種盲目的崇拜，並不是一種教條。它是一個追求自由的宣言。它是一個對追求個體性的宣言，它是一個對追求愛和創造力的宣言。

28 號

不要認爲有些事情是俗氣的，而有些事情是神性的。對一個知道怎麼樣欣然享受的人而言，每一件事情都是神性的。在這個世界和神之間並沒有一個分野存在——所有的一切都是神聖的。你也可以說這個世界是神的顯現、而神是尚未顯現而出的世界。當一個人欣然享受所有的一切時，爲什麼還要在已經顯現的和還未顯現的事情間作出分別？花朵是已經顯現而出的種子，而種子是還未顯現而出的花朵——他們是一體的。這個世界和那個世界，此岸和彼岸也是一樣的情形。沒有必要去區別物質和靈性——它們全都是一體的。

所以即使對最小的事情也要欣然享受：不管是洗澡或是喝茶。不要作出任何區別。對一個知道如何成爲喜樂的人而言，喝茶就如同祈禱般的莊嚴神聖，他的睡覺就如任何的宗教活動般的莊嚴神聖。

愉悅會帶來一種新的狂野，新的觀點。它會蛻變整個世界。那時砍柴和從井裡取水就和任何偉大的事情同樣的優美。

不要成爲憂傷、嚴肅的。笑、跳舞、歌舞、歌唱，以一種非常簡單而謙虛的方式去過你的生命，不要帶有任何想要去改善、達成什麼，或是功成名就的慾望，因爲生命在它的平凡無奇當中便已是如此的美、任何的改善都將毀掉那個美。

29號

歌聲不過是在表達出這個人是處在一個敞開的、並且準備將他的心潑灑進入存在中的狀態。歌聲象徵著這個人不是受苦的、難過的。就如用鳥兒在早晨歌唱般，一個人也必須持續不斷地處在歌唱的心情下，就好像永遠都是早晨般，就好像永遠都是太陽上升的時間般。太陽在任何一刻都可能升起、你必須歡迎它，你必須處在一種接受的心情下。你必須成爲警覺的——客人在任何一刻都可能到來。歌唱的鳥兒只是在準備迎接太陽。花朵開始綻放、樹開始搖擺。整個地球變得充滿著生命力、熱情，準備迎接新的一天。

一顆歌唱的心，歡舞的心，洋溢著愛的心便是準備好迎接神。受痛苦折磨的人可以一直在祈禱，但出自於痛苦的祈禱從一開始就已經走錯了。它變得太過沉重而掉落到地球下。它沒有翅膀、它無法走到那最終的，它無法抵達神。

當一個人充滿著喜樂與愛時，當他充滿著笑聲與喜悅時，當他對生命並不嚴肅而是像一個小孩子般的帶著遊戲的心情時——天眞的，對萬事萬物驚奇不堪，帶著敬畏去看每一件事情，當心在高唱著「哈利路亞」時——那麼神在任何一刻都可能到來。學習如何成爲接受的、開放的、愛的、歌唱的、愉快的——神就注定會來。耶穌說：「敲門、門將會爲你而開。」但我要說：「不要擔心！只要唱歌，他就會去敲你的門，他會說：「我能進來嗎？」」

讓你自己如許地洋溢著喜樂，以至於甚至神也想要加入。引誘他，而不是去敲他的門。

30號

知道存在的本質爲何是一件最根本的事情，如此一來我們才能知道要如何與它共鳴。否則每一個人都是走調的，而那個走調就是我們所說的受苦。與存在處於和諧的共鳴中就是喜樂，處在很深的一致中就是喜樂。與存在不一致就是受苦。

所以在你的生命中，唯一可以帶來全然的蛻變的事情就是變得覺知到眞理、存在的本質、道。而這條道路並不是開在外在的世界上，這條道路直通過你，這是一個內在的旅程。首先你必需去發現你自己的中心，當你發現自己的中心時，就是已經發現存在的中心，因為他們並不是二者。我們只有在外圍是不同的，在中心我們全都相會，交溶在一起。我們在中心全都是一體的：樹、高山、人、動物、星星。

當你穿透進入自己的中心時，你便會知道萬事萬物存在之道。一旦你知道道、法則、自然的本性時，你再也不可能會去違背它了。那算是自殺。但是當一個不知道它時，他當然必定會跌跌撞撞，必定會迷路。

靜心是一個發現你的中心的方法。靜心是最重要的，如果你可以學到靜心，你已經學到全部的一切了。

*31*號

有這麼多的人都在找尋、追求神，而他們卻沒有想過自己是不是已經準備好足以遇見他，他們是不是準備好，好讓神也想要遇見他們。他們從未思索過。我強調的重點是：完全忘掉神這回事，只要將你自己準備好。每當時機成熟，你準備好的時候，神就會發生在你身上。你不需要多操這個心，你甚至不需要去想到神，因為多想也無益。去準備，而準備意味著去慶祝、去開花、結果、去舞蹈、去歌唱、去愛、去靜心、好讓你存在所有的面而，所有的花瓣開始綻放。

十月 你可以選擇痛苦或是喜樂

1號

隨著河流流動，跟著河流走，將你自己全然地交托給河流。它已經是在走向大海，也將會帶你到大海去、你甚至不需要游泳。大海代表神，而除非我們找到大海、否則我們不可能會心滿意足——因爲侷限、界限仍然存在。所有的界限都是一種束縛。當河流流進大海中時，它變成無限的，變成永恆的。而那就是成爲門徒的目的所在：幫助你抵達那無限的、永恆的、浩瀚廣濶的，無邊無際的，無法定義的，無可言喻的。

2號

人將他的生命建構在夢想的沙灘上。因此無論他試圖去做什麼都會失敗，所有的屋子全都會倒塌。因爲他們並未將生命的地基打在某種永恆的事物上，他們將地基打在短暫的事物上。當沙子搭成的屋子崩坍時，我們又開始製造另外一間屋子——又是用同樣的東西、同樣的質材在搭。我們似乎從來不會學到教訓一樣：如果一個夢想失敗了，我們會開始夢想另外一個夢想，如果一個慾望受到打擊、挫折時，我們又立刻跳進另外一個慾望，另外一個計畫——但我們從來看到慾望的本質就是注定會失敗的。

慾求意味著與整體反其道而行。這是一個不可能實現的差事，它不可能被做到。不慾求意味著放鬆處在整體中，跟著整體走，沒有個人自己的慾望，這意味的是：「任何整體的意圖就是我的意圖。我不會試圖要達成任何個人的目的。」

我們必須學習成爲生命存在的一部分。我們是大海中的波浪，我們無法擁有個人的目標。

靜心意味著去知道我們並不是以一個分離的實體而存在，我們並不是一座孤島、我們是無垠之大陸的一部分——你也可以將它稱作神，稱作眞理、那最終的、絕對的、或是任何你所選擇的名字。

3號

我們與存在並不是分離的。但我們全都活在一種我們是分離的想法裡。這個想法就是自我。這個想法——只是這個想法就足以創造出整個地獄了，因為如此一來，我們會變得對如何讓自己生存下去變得害怕，我們變得害怕未來，變得害怕有一天我們將會死亡——而這全都和自我的想法有關。我們並未了解到我們與整體是一體的，沒有生也沒有死，因為我們一直都在這，一直都是整體的一部。

這就好像是一個在海洋中升起的波浪，它甚至在還未升起前就已經在海洋中了——而當它回到大海中休息時，仍然會是在那裡。生與死都是虛幻的，波浪依舊存在，有的時候是潛伏的，休息的，有的時候明是顯明的，但它的確是在那，一直都在那。它是海洋的一部分。

我們也是海洋的一部分，我們是海洋中的波浪，一旦你領悟到這一點後，所有的焦慮就會消失，再也沒有什麼需要擔心的，這是我們的家——我們是它的一部分。再也沒有方法可以讓我們到其他任何地方或是不存在——根本就沒有任何方法。

4號

我們可以相信自己是以一個分離的實體存在，但那只是信念而已，而不是實相。每當信念違反實相時，它就會創造出煎熬，因為你根據某種與事實不符的想法在活，你開始走錯路。當你根據實相而活時，就不會有痛苦存在，喜樂是它必然的結果。

如果葉子有意識的話，它也許會開始想說它是分離的，它和樹沒有任何關係，它有它自己的路。如此一來立刻就會有麻煩，就會有衝突。它會變得愈來愈和它自己能量的源頭疏遠，樹是它的母親、而且樹不只是一棵樹而已，它根植於大地，它代表整個地球，它呼吸空氣，它代表整個大氣。它和太陽以及最遠的星星連結著。和樹對抗就是在和宇宙對抗。只是一個可憐的，渺小的樹葉就試圖想要和宇宙對抗——這整個想法是愚蠢的。但那就是人類一直在做的事情：他一直在推著河流。

成爲門徒意味著丟棄與河流之間的對抗，跟著河流走，允許河流完全地接管你，學習放開來的藝術。這三個字、簡單的「放開來」這三個字界定出成爲門徒的精神所在。那時這個人將會說：「你的王國到來，你的意志將被執行。」那時這個人會抽出他自己的意志，當你抽出你的意志時，你的生命將會變得無比之豐富。突然間，整體與你在一起——而我們只有在整體與我們在一起時才可能得到勝利。

5號

每一個小孩在母親的子宮中時都是喜樂的。他在那裡一無所有——既不是美國總統、也不是世界上最有錢的人，他沒有高樓大廈——完全一無所有，但他卻有無比的喜樂。

心理學家說人類在母親子宮裡所經驗到的喜樂將會終其一生在他的思緒裡縈繞不去，他會想：要如何再度得到它？我們已經在母親的子宮體驗過某種滋味，我們對它無法忘懷。我們費盡心思想要去忘掉它，但它不知怎麼地卻徘徊不去。那曾經是這麼深的經驗，以至於要抹去它是不可能的事。

但是這個體驗可以非常容易地再度被得到。人只是必須變得像一個小孩子般，並且必須將這整個宇宙想成是母親的子宮。那實際上就是宗教應該要做的：去幫助你將宇宙想作是母親，好讓你和宇宙之間不會有衝突，好讓你可以信任這個宇宙，好讓你可以深深地知道它關心你，你不需要擔心，不需要持續不斷地焦慮不安、緊張，每一件事情都已經被照顧得好好的了。那時突然間就會有很大的喜樂湧上來。靜心只是在幫助你掉回到宇宙的子宮裡。

6號

眞理只有透過一個深沉的內在的和諧才會被知道。一般說來，我們是一團混亂，非常的不諧調，在我們身上不是是只有一個人，而是有很多個人。我們擁有多重人格，在我們裡面有很多的頭腦，而它們全部朝向不同的方向拉扯著我們——你會聽到很多的聲音在你的腦海裡，而你理不出來那一個才是你要的。一個聲音說：「做這個。」另外一個聲音說：「做那個。」人持續不斷地在搖擺不定。他幾乎像是一面跌落在地面上的鏡子般碎製成千百片。那就是人類發現自己置身的處境。但所有這些碎片其實可以被聚集起來，可以被融合成一個整體，可以被整合，結晶化。

當那個統一體在你內在升起時，偉大的音樂於焉誕生，所有的噪音變成一部交響曲，而且唯有那時你才會看到，聽到，感覺到存在的眞理，眞理一直都存在在那，但我們的思維如此的吵雜不安，以致使我們無法感覺到眞理。

當內在的混亂消失時，我們就會聽到內在平靜的，小小的聲音。那時這個人將會確切無疑地，絲毫不差地知道：「這是我的聲音，這是存在在我裡面說話。」而且絕不會有任何的懷疑產生，你將不會去懷疑這件事，這是確切無疑的。只有礎基在那個由確切無疑所結晶而成的上，在那個明確性上，生命才會變成一座廟宇——否則我們都不過是在建構沙雕的城堡罷了。

7號

我們不用變成完美的，我們生而就是完美的。而且我們也不用去發明喜樂。我們只是必須去發現它。因此它並不是一件如人們所想像的那麼困難的事情，它是一個非常簡單的放鬆，休息的過程，並且慢慢的歸於自己的中心。有一天當你偶然遇到你的中心點時，突然間會有一片光明乍現，你已經發現那個開關了。這就好像是在一個漆黑的房間中摸索著前進！你一直在摸索，而後你發現開關了。情況確實就是如此。

我們不必要地在哭號。你的痛苦根本就是很愚昧可笑的。這就好像是一個將繩索看作是蛇的人，他嚇得轉身就跑因而被一個香蕉皮滑倒，並跌斷幾根骨頭，而且也許還因此而住院。你知道他不過是一個可笑的傻子——蛇根本就不存在！這個荒謬可笑的生活模式必須被徹頭徹尾的改變。向內看，如果你在那無法找到任何東西的話，那時你可以再向外看，但我可以斬釘截鐵的說，沒有任何向內看過的人曾經錯過它，所以你也沒有理由會錯過它。沒有人會是例外，這是一個鐵律：向內走的人必將會找到它——找到神的國度、完美的喜樂，絕對的眞理。那時生命將變成一個持續不斷的狂喜。

人會著迷於有多少的狂喜能夠發生在自己身上：「我還能容納得更多嗎？」但人可

以容納無限的狂喜。這是人類無法相信的，因爲你會以爲：「現在這就是極限了，再也不可能有更多的喜樂了。」但是隔天你會發現到仍舊是有更多的可能性，而且你不斷地發現到它。它從未畫下句點過。這個旅程會有一個開始但不會有一個結束。

*8*號

人可以創造出地獄，也可以創造出天堂——這全都是我們自己的決定，這是我們自己要負的責任。

在生命中所美好的事物——事實上應該說是生命本身——是存在的一份禮物。所以問題並不在於要如何去找尋它們，而在於要如何去接受它們。舉喜樂作爲例子。喜樂並不是在遙不可及的西藏或是喜馬拉雅山上。問題並不在於要如何旅行到那去，問題僅僅在於要如何變得愈來愈具接受性。這份禮物一直不斷地來到我們身上，卻發現我們的門是封閉的。太陽升起，但我們卻一直坐在黑暗之中，因爲我們的眼睛是閉上的。禮物早就在那裡了——問題只是在於打開我們的眼睛就看得到光了。但是我們卻只是將眼睛閉上，然後待在黑暗之中。

不要將生命和存在摒拒在外，變得比較脆弱點，少一點對自己的保護。那就是宗教所有的一切：脆弱、開放、信任。不需要害怕生命，儘可能變得敞開。那時你將會吃驚於過去根本沒有任何一個片刻是非得受苦不可的，生命一直都可以是充滿著喜樂的。

9號

有些人已經變得非常精通於找到理由成爲痛苦不堪的。他們無法成爲快樂的，除非他們成爲痛苦不堪的。他們只知道一種快樂，那就是屬於痛苦的快樂。當這類的人在談到他們的痛苦時，你可以在他們的眼睛，在他們的臉上看到，在他們談論痛苦時的方式上，每一件事情都顯示出他們正在享受它，他們正在吹噓，他們一定是在誇大他們的痛苦，讓事情看起來儘可能的嚴重。像這樣的人怎麼可能會充滿著喜樂呢？

每一個片刻永遠都會有兩種選擇，你可以選擇成爲痛苦的或是成爲喜樂的。要開始以這種方式去看事情：在每一個情況裡，首先試著去找出來是什麼在使你痛苦，接著再去找出來怎麼樣才可以讓你在這個情況中成爲快樂的。

10號

在我還是一個小孩子的時候，我的父親蓋了一棟漂亮的房子。但是房子的建築師欺騙他，而他是一個很單純的人，因此房子在第一年的雨季就被沖垮了。那時我們正準備要搬進這棟屋子裡，只要再過二、三天我們就會在屋子裡了，但屋子卻垮了。我父親那時人在很遠的地方，我打電報告訴他：「速回——房子已經倒塌。」他沒有立刻回來也沒有回電。他照他預期的日子回到家裡，回來後他告訴我的第一件事情就是：「你這個白癡！那棟房子已經毀了——爲什麼你還浪費十元打那麼長的電報給我？那十塊錢原本可以被省下來的！而且感謝老天這棟房子在適當的時機倒塌。如果再等個四或五天才倒的話，那麼它就會把我們全家家人都壓死了！」

他盛宴邀請全村的人。我眞愛這個點子！全村的人都在笑：「這完全是胡鬧：你的房子已經倒塌了，每一個人都在爲此感到難過。」而他居然邀請鎭上所有的人——那只是一個小鎭而已——請客、感謝神明對我們的幫助，只要再多過四天，整家人就可能會死！

這就是我所說的在每一個情況都要選擇喜樂的部分的意思。

當我的一個姊姊死去時，我最愛這個姊姊，雖然我有其他十個兄弟姊妹，但我仍然因爲那個姊姊的死去而難過不已。父親告訴我：「你在不必要的受到它的影響，感謝神你有十個兄弟姊妹仍然活著！他原可以將所有的人都帶走，我們又能怎麼辦呢？就好像他可以帶一個一樣，他也可以帶走全部的人。他只有在十一個人中帶走一個。那也沒什麼，我們還承受得起。我們可以將一個孩子給神，如果他需要她，就讓他擁有這個孩子。但是你有十個兄弟姐妹——要爲仍然有十個人活著而快樂，而不是爲那一個已經死去的人而鬱鬱寡歡。」這必須是每一個宗教之人的方式。如此一來你的生命很自然的會變成一個喜樂的現象。

11號

每個小孩子都知道如何成爲打開的，那就是爲什麼所有的孩子都是如此的美，如此的喜樂的原因所在。去審視他們的眼睛——是如此的寧靜。去看看他們的喜悅——是如此的洋溢。每個孩子都知道如何成爲喜樂的，但遲早也都將忘掉。或者說是我們會使他忘掉。

打開可以再度被學習到。再度去學習這個藝術，再度記得這個將自己打開來的藝術。當你將自己打開來時，你將會發現到這個世界並不缺什麼，沒有任何事情是不完美的——這是最完美的世界。

讓你自己成爲一個熱愛存在的所有面向的人。那時你將會在石頭上發現講道詞。你將會訝異於眞的不需要去看宗教的經典，因爲這整個宇宙就是眞正的經典。到處都有存在的簽名在上面，除此之外，所有那些所謂的宗教全都是人類發明的。

12號

成爲高興的——那是我對宗教性的定義。成爲憂愁的就是成爲一個罪人，成爲高興的就是成爲一個聖人。如果你可以全然的開懷大笑的話，你的生命會開始變得神聖。開懷大笑是一件獨一無二的事情。沒有任何東西可以使你的笑比一個開懷大笑更神聖的了。當你笑時、讓你身上所有的細胞也跟著你笑，讓笑從心散布到每一根脚趾。讓它到達你存在的最深處，你最內在的隱密處。你將會大吃一驚，人比較容易透過笑而不是祈禱更接近存在。

13號

今天我在讀一則關於一個九十五歲的老人的報導。他被問及他長壽以及維持身體健康的祕訣何在，他說：「我覺得說出眞相會有點尷尬，眞相是我一直在從樹身上得到生命。當我抱他們的時候，突然間會有很微妙的能量之流開始進入我的體內。他們使我保持精力充沛並活生生。」我自己的觀察是他是對的。他也許沒有辦法在科學上證明自己說的話，但科學遲早會證實！如果你愛一棵樹，樹會反應，如果你愛一顆石頭，甚至石頭也會假出反應。

儘可能以各種方式去實驗愛，你將會每天都變得更豐富。你將會發現到愛的主體，發現到愛本身——不是要去愛什麼人，而只是愛，只是充滿著愛，滿溢著愛。那就是成道的狀態。這個人是完滿的，完全的滿足，他已經到達了。那個感覺——持續不斷地感覺到少了些什麼的感覺——首度消失，再也不會出現。

那是人的生命中最偉大的一天。當你可以感覺到再也不缺少什麼，完全沒有，你找來找去，卻無法發現少了任何東西，所有的一切都已經被滿足了。那個人曾經眞實的經歷過生命，其他人不過是在浪費它，浪費一個黃金般的機會。我們必須擠出生命中每一個片刻所包含的甜美汁液，直至一滴不剩。

*14*號

當你看到一個優美的夕陽，並感到非常的喜悅時，你自然會以爲這個喜悅是起生自美麗的夕陽。那不是事實。優美的夕陽只不過是在你身上觸動一個靜心的過程罷了。它是如此的美，以致你的思考停止。你處在一種敬畏的狀態中，它已經占據了你。當思考停止，你掉進深沉的靜心中，觸碰到內在喜悅的泉源。但是邏輯的思維會推論說是優美的夕陽造成了這個喜悅。它不曾造成這個喜悅，它只是觸動了一個過程，或者更好的詞是容格所用的「同步性」。夕陽不曾造成它──因爲有這麼多的人也許根本就沒有受到絲毫的影響。

「同步性」並不是一個原因，因爲有百萬人也許根本完全沒有被夕陽的美所感動到。或者也許會有少數人在到夕陽時甚至會變得悲傷──這全都視人而定──他們思維的狀態，他們的心情。人並不是無可避免的會感到喜悅。

一旦這一點被了解到時，那麼在每一個喜悅的片刻中你都可以抓住一種自然的靜心狀態。那就是靜在開始時何被發現到的。而它一直都是相同的狀態：沒有思想、頭腦停止，而後突然間變會有喜悅升起。

15 號

明天應該是明天的事、明天從來都不會和今天一樣，而你也不應該期待它變得一樣的。那個期待本身就是非常危險的，因爲基本上事情從來都會不是如此，因此你的期待會造成你的挫折感。而且如果有什麼偶然的機會，或是意外讓明天發生的事情和今天一模一樣的話，你也會感到無聊。但是挫折既不是喜悅，無聊也不是喜悅。

讓未來成爲開放的。不要對未來加諸任何的期待。讓它保持是未知的，無可預測的，而且不要試圖以任何方式讓事情成爲永遠的。生命的本質是變動不居的，我們必須與道、與自然、與存在最終的法則流動。

與生命處於共鳴中，不要在你這一邊加諸任何的期待，如此一來你將會無比的充實豐富。每一個片刻都會帶給你新的喜悅，新的生命、新的光，一種新的神性。一個他的愛總是在流動，而且從未囿限於任何事物的人會變得非常的寬廣，如同天空本身般寬廣。在那個寬廣中，人會知道什麼是存在。那個寬廣就是存在。

16 號

活在當下是想要有一個全然地活過的人生的唯一方式。當你活在當下，而沒有過去拖在你後面，也沒有未來拉著你往前時，當你全部的能量都集中在這一刻，生命具有一種無比的強烈度時，它變成一個熱烈的愛情，你燃燒著你自己的能量，你變得充滿著光，因爲在到達某個強烈度之後，火會變成你的生命，而強烈度會變成火散發出來的光。

那就是要成爲富裕的，成爲豐富的唯一方式。其他所有的人都是貧窮的。他們也許擁有世界上所有的錢，但他們是窮人。世界上有兩種窮人——有富有的窮人和沒有錢的窮人。富裕和所有物一點關係也沒有，它比較和你是怎麼活的，你生活的品質，你生命的喜樂，你生命的詩性有關。而所有這些東西只有透過靜心才有可能發生。過去從來沒有任何其他的方式過，現在沒有，而未來也永遠不會有。

17 號

要讓生命變得豐富的唯一方式就是要對神的存在開放，要對他所有的色彩，對他所有的彩虹、所有的歌、所有的樹和花朵變得開放，因爲神不會在教堂裡面被發現到——教堂是人爲的產物，而神只會在大自然中被發現到。

你會在群星中發現他，你會在大地裡發現他，當春雨雷動，大地釋放出來香氣時，你會在那裡發現神。你會在一隻牛的眼睛裡，或是孩童咯咯的笑聲中發現神，你會在任何地方發現神的蹤影——除了教士發明的地方以外。教會、廟宇、清眞寺——這全都是空洞的，像人們一樣的空洞、你在那裡找不到神。

當有一個人準備不帶條件的接受生活中發生的事情時，突然間神會開始從每一個角落湧向他。讓生活充滿著神是要讓生活擁有任何意義、任何價值的唯一可能性。一個知道神的人就是知道了那個不朽的。那時只有身體會死亡，而他存在的最根本的核心將會永遠繼續存在下去。

18 號

人們將他們的整個生命浪費在思索神，辯論神存在與否的事情上，而卻從未傾聽過他們的心。心不會想要欲求神。心只會想要跳舞、歌唱、享受生活、去愛以及被愛。心會想要像一朵充滿著香氣的花朵般的生活，像一隻鳥般飛翔進入打開的天空中。心會想要變成一隻火炬，一盞燃燒在生命的暗夜中的燈。心不會想要欲求神。除非你曾經被你的父母親，老師、和教士告知過關於神的事情，否則你絕不會去想到什麼是神。因此我會說喜樂就是神，除此之外沒有其他的神。所有其他的神都是人爲的產物，而且我們最好是將這些假的神拋棄掉，好讓我們可以往正確的方向上去看。

19 號

愛是通往勝利的唯一橋樑。但是這是一座非常奇怪的橋，因爲愛的第一個基本要求是臣服，這個勝利是透過臣服而來的，因此它具有一種無與倫比的優美。愛不具有侵略性，愛具有接受性，愛不是藉著擊敗別人而贏的，它是藉著被別人擊敗而贏的。

那些試圖要征服神的人都是傻子一個，他們不可能做得到。睿智之人會臣服於神，他們邀請神去征服他們。神不可能被你占據，但你可以允許他去占據你。那就是愛的方式：它會允許這個人被占據，它不會有想要去占據別人的慾望，它不具占有慾，它只是渴望著被占據，全然地被什麼人或是什麼事所占據著，以至於再也沒有屬於他自己的東西被遺留下來。

20號

愛是最終的神性的經驗。愛證明存在並不是無意義的，生命是具有重大價值的。除了愛以外，沒有其它的東西足以證明生命的價值所在。如果有一個人從未經驗過愛的話，那麼他將會感到生命是無意義的、是一個意外事件、只是像一塊漂浮的木頭般，只能任憑大自然的未知的，無意識的力量宰割。那就是物質主義者看待生命的方式：對他們而言，生命只是一個物質的集合體，只是一個物質的衍生物，一個稍縱即逝的現象。如此一來，生命是毫無意義的，如果生命沒有意義的話，人只會拖著生命在過日子，他不可能歡舞，如果沒有意義的話，只有儒夫才會活著。勇敢的人會自殺。沒有人會眞正相信生命是無意義的，因爲生命並不是無意義的，生命具有本然的價値。但那個價値必須用你去發掘。我們全都下意識地，眞實地，本能地覺知到它。我們只是有一個預感說，一定是會有什麼意義——但我們並不是很淸楚地知道。它仍然隱藏在黑暗之中，我們沒有任何的證據足以證明。愛給予我們對生命的意義是否存在的證據。愛給你一個對靜心的瞥見，而後透過靜心將會有一扇朝向神的存在的窗戶打開，因此我會將愛稱作是地球上最神性的現象。

21號

愛是最高形式的詩——而我所說的詩並不是指文學上的詩，對我而言，詩並只是意指寫詩而已。即使是那些生活並不是什麼詩意，而他們本身也不具什麼詩意的人，只要有某些技巧就夠了。他將會是一個技匠，而不是一個詩人，有百分之九十九的詩人其實只不過是技匠而已。音樂家也是，其他的九十九個都只是技匠而已。雕刻，繪畫、建築，以及每一個層面的藝術也都是如此。

眞正的詩人並不必然會去寫詩——也許會，也許不會。一個眞正的畫家也許會畫畫，也許不會畫畫，但他的人生將會是非常多彩多姿的，他的人生將會有一種均衡、協調，對稱性。他本人會是他的畫，他本人會是他的詩，他本人會是他的雕刻。

那就是當我說愛是詩的時候的意思：愛會給你一個新的向度，愛會使你更具美感。愛會人使你察覺到很多你以前從未察覺到的事情，愛使你察覺到星星、花朵、樹繽紛的色彩。愛使你察覺到人們，他們的眼睛、他們的面孔、他們的生活。每個人都是一個帶著無限的可能性的，無與倫比的現象。每個人都是一個令人難置信的故事，每個人都是一本活的小說。每個人都是一個自形圓滿的世界。

22號

很多的事情都是可能的，但它們必須被變成可能的，要將它變成可能是做得到的，但人必須有意識地在這一點上下功夫。這就好像是你擁有充足的土地，充足的種子以及充足的水和陽光。但你卻從未將種子種在土地上。花朵將不會到來，而你的土地維持是一片荒漠。長出一大堆雜草。這是你需要記得的，最重要的事情之一——所有無用的東西都可以自己長出來，而所有具有眞正價値的事情則會需要你去下功夫。要達成那個意義是一個上坡的工程。如果你不做任何事情，將會是雜草叢生，它會覆蓋住整片土地。

如此一來你就別想指望會有玫瑰花了。但這塊土地其實是大有可爲的。每一個人都帶著大好的希望而來到這個世界上，但非常少人實現了這個希望。他們空手而來也空手而回。這眞是令人惋惜。

但我的門徒必須完全心滿意足地走。他們必須實現他們的生命所蘊含的希望。他們必須變成他們必須成爲的樣子，他們必須去滿足他們的命運。

23號

你無法沒有整體而存在，整體也無法沒有你而存在。只要你還活著就足以證明存在在某些地方還需要你，你正在滿足存在的某種需要。即使是最小的一片樹葉也和最大的星星同等的重要。存在中沒有階級之分。沒有人比較高，也沒有人比較低，沒有人比較被需要，也沒有人比較不被需要。所有的一切都是需要的，因爲存在意味著這一切的一切的結合。我們全都貢獻了某些東西給存在，存在也一直在給予我們每一件我們需要的東西。

當自我被拋棄掉時，就不可能有任何事情會走錯，再也不可能會有任何事情走錯！所有的一切便如它所存在的一般完美無缺。那就是神的意思：所有的一切便如它所存在的一般的美善。

24號

再也沒有其它的事情會比愛受到人們更多的談論。事實上，愛比神受到人們更多的討論。有這麼多的詩，這麼多的歌，這麼多的小說、故事——這些東西關切的部是愛的現象。人類爲什麼會這麼執迷於愛呢？電影、電視、收音機、雜誌、文學——全都關切著愛。人類對於愛似乎是具無比的興趣。

這是眞的，他的確是對愛有興趣，但所有這些東西全都只是替代品罷了，他一直都沒有能力去經驗愛。他去看電影，看某個人在表演愛，變成以一種想像的間接方式去參予，忘掉自己只是一個觀衆，他變成故事的一部分，並享受之，他變得認同於某個角色。讀小說時，他變成小說的一部分，當他背誦一首優美的詩時，也會以爲他是在什談論自己的經驗。這些全都是眞正的體驗的貧乏替代品。

如果人類眞正的進入愛的話，所有這些無意義的東西都將會從地球上消失。永遠都要記得，只有飢餓的人才會想到食物，衣不蔽體的人才會想到衣服，沒有棲身之所的人才會想到房子，這是很自然的，我們只會去想那些我們沒有的東西，我們不會去想那些我們有的東西。要成為一個愛人需要膽量，因為愛要求的是生命中最大的一件事情——自我的臣服。那時奇蹟將會開始發生。那時愛會進來，泉湧而入，充滿著你，並開始從你身上滿溢而出。愛本身最終會變成你對存在的體驗，你對眞理的體驗。

25號

這個旅程開始於愛，而結束於光，於成道，而祈禱是中介的橋樑。這整個從無知到智慧的朝聖之旅不過是一個祈禱的朝聖之旅。

祈禱意味著：「我是如此的渺小，除非整體幫助我、否則任何事情都不可能透過我而發生。」祈禱是自我將他自己臣服，交托給整體——不是在沮喪之餘而是在深深的了解中交托出來的。渺小的波浪怎麼可能對抗得了大梅呢？

——這個努力本身就是荒謬可笑的。但那就是整個人類在做的事情。我們全都是身處在浩瀚廣濶的意識之海中的渺小波浪。你也可以將那個意識之海稱作是神，眞理、成道、涅槃、道、達摩——他們全都意指同樣的事情。我們全都是無垠的海洋的一部分。但是我們全都是非常小的波浪——我們不可能有我們自己的意志，而我們也不可能有我們自己的命運。那個想要有我們自己的意志的慾望，以及想要出於我們的慾望而達成某些事情的慾望本身就是整個痛苦的起因。

祈禱意味著，這個人在對人類意志的無用的了解中，將自己臣服，交托在整體的意志之中。他說：「你的國王將會到來，你的意志將被執行。」

這只有在對存在擁有極大的愛時才有可能發生。因此我會說這個旅程開始於愛，而結束於成道。旅程中間這一段則是由祈禱、由深深的放開來所組成的。

26號

摩西的上帝說：「我是一個非常善嫉的神。那些違背我的人將會永生永世受苦。」摩西的上帝是一個心胸非常狹窄的人。這是非常早期，原始的概念。情況必然會是如此。摩西是一個先驅者，他的工作是在於將冰山打破。

三千年後，耶穌縱身跨出一大步。他說天主是愛。他被釘死在十字架上是必然的結果，因為他嚴重破壞整個猶太教的根基。使上帝變成愛意味的是在摧毀整個過去的想法，而整個猶太人的宗教就是依靠摩西的說法在維持。

現在自從耶穌之後，已經經過了二千年了。現在人類需要再縱身向前跨躍一大步。我的經驗是完全不同的。我會說：愛就是神——神是其次的，愛才是首要的。事實上，神性只是愛的一個面向而已，而不是相反。我們甚至可以將神的概念丟棄掉，也不會有什麼損失。如果這個人他會去愛，那就夠了，因爲愛自動會將一種神性的品質帶到你的存在中，它會帶來某種超越而神聖的。而現在正是我們向前超越耶穌的時候了。兩千年已經太夠了！如果耶穌可以走到摩西前頭，我們就應該走到耶穌前頭，因爲我們在做的是同樣他曾經做過的事情。

依據你的心去生活，依據你的愛去生活，讓愛成爲你的光，那時你將永遠不會走錯。

27號

宗教不是神學的研究，宗教其實是愛。神學研究不過是邏輯罷了，因此它才會稱作是「神學」。邏輯和宗教一點關係也沒有，它事實上是反宗教的。

邏輯是一種頭腦體操，咬文嚼字，在雞毛蒜皮的小事上爭論不休。它可以創造出優美的文字的高塔，但這全都只是沙雕的城堡，全都是無用的。他們可以讓你被某件事情占據著，他們的作用就好像是當你坐在海灘上的時候，你會開始玩沙然後堆成沙堡，只是因爲你也沒什麼事好幹，你可以享受這個消遣，但是它根本對你的成長毫無裨益之處，這是很幼稚的行爲。

研究神學的人從來不會是成熟的人。耶穌不是一個研究神學的人，佛陀也不是，但他是一個愛人、一個無與倫比的愛人，他愛這整個存在。愛是他的祈禱，愛是他的朝拜。透過愛你可以與存在交流，對話。你所需要的就是一種深入的愛情、一種瘋狂的，完全瘋狂的愛情……

那些會感到無聊的人是活在邏輯的世界中的人，邏輯很無聊。但是愛從來不會無聊。愛會給你一種持續不斷的訝異。愛會使你的驚奇保持活生生，愛會滋潤你的詩，你的舞、你的慶祝。否則那些在你身上優美的部分都將會飢渴而死。避開邏輯，永遠都要選擇愛。

28號

我不教導任何的教條，我只會幫助我的人對每一件內在和外在的事情都變得更加有意識。這包含著我全部的教導，成爲有意識的，成爲覺知的，並且出自你的覺知去生活。讓你的覺知成爲決定的依據。不要從外界強加任何的規範，讓規範從內在流露而出、讓它湧現。如此一來，生命將會永遠是新鮮的，年輕的、充滿活力的。生活亦將變得愈來愈強烈、熱情。它會變得熊熊地燃燒著喜悅、喜樂、祝福的火焰。

29號

那些充滿著喜樂的人是受到祝福的。因爲他們已經進入了神的國度。他們還不知道自己正在進入神的國度，心裡便已經進去了。事實上，神從來都無法被直接找到。你無法直接向近神，他沒有地址、也沒有名字、沒有形式。如果你要去找尋和追求神，你將絕不會找到他。

人類由於這個事實而慢慢的轉變成無神論者。因爲人們曾經尋找過神，而沒有找到他。他們花費自己的生命去追求神，並終而發現這只是徒勞而無功的活動罷了。

但是這整個責任必須歸咎在教士，教父、上師以及所謂的宗教家身上，因爲他們一直在告訴人們要尋找神，要追尋神——那是明顯的無稽之談。

我會說追尋喜樂，而後你將會發現神。追尋神，你將不會找到神，你將會變得比從前更加地痛苦，因爲當你將你的整個人生押注在上面而卻找不到時，這必定會使你變得非常的挫敗。完全忘掉神這回事，只要去追尋喜樂就夠了。找到你痛苦的原因，並將那些原因拋掉，將那些原由連根拔起。你將會訝異於，當所有引發痛苦的原因一一地被拋棄掉時，喜樂會開始在你身上成長出來。在那些喜樂的片刻中，你將會變得覺知到一種圍繞在你身上新的在——而且不只是你，而是整個存在——那個在就是神。神不是一個人而是一個在，神不是神而是神性。

30號

如果人找不到喜樂的話，他將會活在挫敗感中，他的人生除了顯而易見的挫折、失敗之外別無其他。你可以在人們的臉上看到這一點：當他們年紀愈老，就會變得愈憂傷，當他們年紀愈老，就會開始變得非常的易怒，對人生忿忿不平，因爲他們所有的夢想都破滅了。但是錯並不是出在生命，是他們自己要對此事負責。他們終其一生都試圖要去達成那些無意義的事情：金錢、權力、地位。

如果你沒有達成這些目標，你會有挫折感，如果你達成這些目標了，你會更有挫折感。事實上，沒有達成名利地位的人的處境也好不了多少，因爲他仍然會希望說有一天他也許將達成這些目標，然後每一件事情就都會好轉了。

一個眞正功成名就的人實際上會完全的沮喪無望，因爲現在再也沒有什麼希望殘存了。他已經將一切押注在這些愚蠢的事情上面，他的整個人生都已經完全投入在達成所有這些廢物上面，而他依舊像從前一樣的不滿足。

喜樂是某種屬於內在的，絕對個人的，個體的，你可以在你自己裡面發現它——再也不需要其他人。一旦它被找到以後，你就勝利了。那時生命就會有無比的光輝燦爛，那時你存在的整片天空將會充滿著群星。

當一個人知道他沒有白活過的話，那時即使是死亡也是很美。那時這個人不會不情不願的死去，他會完全充滿著喜樂的死去。那時死亡就只是一個休息。他已經開花，他已經釋放出芬芳，現在休息、消失進入整體的時間已然到來。一個門徒會活得漂亮，也死得漂亮，他的生命是一個慶祝，而他的死亡則會是最終的慶祝。

31 號

關於喜樂的一個最重要的特質是：它本身是一個矛盾的現象，它並且由於這個矛盾的本質而幾乎總是一直被誤解。這個矛盾出在於：人需要費盡努力以成爲喜樂的，然而它卻未因爲這個努力而發生，它總是作爲存在的一份禮物而發生。但是如果沒有努力的話，人也永遠無法變得有能力接受這份禮物。即使說這份禮物永遠都是垂手可得的，人還是將自己封閉起來，自絕於存在之外。

所以整個人類所下的努力並不眞的是達成喜樂的原因所在，努力不會導致喜樂，它只是會將阻礙喜樂發生的障礙物移開。這是一個負向的過程，這就好像是你住在一間封閉的房間裡，所有的窗戶，所有的門都是封閉的，太陽已經升起，而你卻還是身處在黑暗之中。太陽不可能是因爲你的努力才升起的。無論你做什麼都不可能使太陽升起，但是你可以打開你的門，或者是讓它們關起來——這視你的努力而定。如果你打開門、太陽就會變得垂手可得，否則它就會只是在你的門前等待、甚至不會敲一下門，你可以永生永世的活在黑暗之中，或者光明之中——而這所需要做的就只是將你和太陽之間的障礙移開就夠了……一點點的努力是需要的，一點點的信任是需要的！一點點將障礙物移開的努力，以及一點點的信任，耐心、等待——神是很仁慈寬厚的，所以每當我們的障礙被移開，每當我們準備好時，喜樂必將發生，這是無可避免的。」

十一月
死亡以待重生

1號

學習變得愈來愈覺知：覺知到你的身體，覺知到你的頭腦，覺知到你的心，覺知到你的動作，思想和感覺。這是三個覺知必須被帶引到的層面。在覺知到所有這三個層面後，你將會變得覺知到那第四的——那就是覺知本身。那第四是超越的。它會引領你走向神性。

2號

人類似乎是唯一完全沒有從經驗學習到什麼的動物。這是我觀察到的現象，每一隻驢子都會學習。

在阿拉伯他們有一個諺語說，既使是一隻驢子也不會掉進同樣的水溝裡二次？但是人類辦得到這個奇蹟嗎？他會掉進同樣的水溝裡千百次——更不要說是只有二、三次了。每當他經過水溝旁邊的時候，他就會掉下去！他會對自己說：「讓我再試一次看看好了——這次也許情況將會有所改變，也許這不是同樣的水溝，而且我也不再是昔日吳下的阿蒙。事情已經改變這麼多了，而且那次我掉下去的時候是下午，而現在是早上。再試試看又有何妨？」

這眞的是我觀察到，人類最重要的一個現象：那就是他從來不會從他的經驗裡面去學習。

要走在喜樂之路上所需要的就是要從你的經驗中去學習。不要再度重複同樣的蠢事——同樣的憤怒、貪婪、嫉妒、占有慾。不要再重複下去了。現在就是要成爲覺知的、觀照的、警覺的時間了，不要一再一再地掉入同樣的陷阱中。

當你變得有能力去觀照時，就會變得愈來愈有能力免於所有這些陷阱。當一個人絕對地免於所有的陷阱枷鎖和牢籠時——那就是喜樂發生的一刻。喜樂會開始從天空中像花瓣般地灑落，不斷地灑落。他的生命對他自己而言變成一種祝福，同時對別人而言也會是一種祝福。

3號

人必須爲了喜樂而下功夫，但是最終說來，它仍然是一份來自存在的禮物。這看起來很矛盾：這是不合邏輯的，因爲邏輯會說你要不是必須爲它下苦功——那時你就是達成它的人——要不它就是一份來自存在的禮物——那時你就不需要下什麼功夫，因爲每當存在覺得想要給你這個禮物，它就會給你。

但是生命並不是根據邏輯在走的。我對此的態度是：人需要一種沒有努力的努力。我們有理由認爲努力是需要的，並且也有絕對正當的理由下結論說：那最終的永遠都是透過存在的恩惠而發生的。這件事我們也只能用這個方式去了解！努力是需要的，因爲它會將你準備好以接受這份禮物。你通常甚至沒有準備要去接受，你的門是封閉的，你的心是封閉的。即使如果存在向你大喊，你也聽不到。存在一直在敲你的門，但你從不將門打開，事實上你根本就不認爲會有任何的門存在。你一直活在你平凡的、機械化的、無意識的生活裡。如果要使你變得有意識，努力是需要的，但努力只會使你變得有意識，它們無法給你喜樂。但是每當你充滿著喜樂時，那便意味著某些東西已經從上降臨到你身上。那些達成喜樂的人會感覺到：「我們的努力業已潔淨我們的心，打開我們的門，移開所有的障礙物。然後有一天、突然間，某個東西從那超越的、從某個未知的泉源傾倒而入。」那時當你再回頭看時，你將會看到自己的努力相形之下竟是如此的微小。你無法說這個無比的狂喜會是你微小的努力造成的結果，但它們仍然是需要的！它們基本上是需要的，同時也是必不可免的。

4號

我們生命的根生落於我們存在的中心點上。如果我們是一叢亂草的話，那麼這叢亂草的根就是在那個中心點上，如果我們想要變成玫瑰花的話，那麼我們就必須在中心點上讓玫瑰花的根成長，而後外圍就會長出樹葉，花朵和花香。

但你無法逆向操作，想要從外圍開始下功夫而移向中心點，這是不可能的，這個移動永遠都是從中心點移向外圍。外圍只是一個影子罷了。九千年以來所有的宗教家、道德家、和各式各樣的改革家都一直試圖在改變人外在的環境、行爲、品德，但那只是人存在的外圍部分罷了，而人類存在的中心部分卻依舊維持不變，因爲這個緣故，他們已經爲人類創造出一團混亂不堪的狀態。

我們的根是雜草的根，而我們卻期望在外圍的部分會長出玫瑰花——他們永遠都不會長出來的。或者，如果我們非常狡猾的話，那麼我們就會去負假的玫瑰花來裝飾我們的外表。我們欺騙別人，終而也欺騙自己。但假的塑膠花並不是眞的花。那就是所謂的道德、德性，它們只是塑膠做的，人爲打造出來，做出來的。眞正的德性不需要刻意去培養，也不需要去練習，它是一個很自然的，靜心的開花結果。

5號

死亡以待重生！那就是基督教十字架象徵的意義。但是基督教徒已經錯過這個象徵物的意義，就如所有的宗教已經錯過了他們創始者的訊息般。佛教徒已經錯過佛陀，基督教徒已經錯過基督、回教徒已經錯過了穆罕默德般。這眞是一個非常奇怪的現象，這些跟隨者一直在自稱是基督教徒，但他們實際上是在將基督的精神扼殺掉。

當死亡發生時，首先是身體會死亡。你開始將身體與存在是分離身體的概念丟棄掉，你可以看到這個概念的愚蠢之處。存在每一個片刻都一直在將新的能量倒進你裡面——你怎麼會以爲自己是分離的呢？如果你的呼吸被切斷的話，你將會立即死去！而且不只是呼吸，每一天你都在吸收食物和水，每一天你都在將每一個已經死掉的東西丟棄掉，生命一直在傾倒進來，而死的東西一直在被丟到身體外面。耶穌死亡的第一天表現出來一個死亡——身體的死亡。

接著是思維，這是一個比較微妙的層面——思想的層面。思想也是來自於外界。就好像空氣、水和食物是來自於外界般，你的頭腦也一直在從每一個地方搜集思想。頭腦會以一個分開的實體般的死亡。

接著最微妙的層面發生在第三天——這三天只是一種象徵而已——感覺、情緒和心死亡。接著便會有復活。當這三者消失，變得與存在合一時，突然間你會變得覺知到一個不屬於你的存在、它是屬於宇宙的存在，那就是復活。

6號

靜心根本不是一種作為、它是純粹的覺知。但是在這個無為中，卻會有一個不可思議的事情發生，那是生命中最不可思議的事情。如果你一直去觀照，將會有驚人的，令人難以置信的事情開始發生。你的身體會變得很優雅，再也不是浮躁不安的，緊張的，你的身體會開始變得輕盈、沒有負擔，你會看到很多的重量，如同山一般的重量開始從你的身上掉落。你的身體會開始淨化所有的毒而變得純淨。你將會看到你的頭腦再也不像從前一樣的活躍，它的活動開始變得愈來愈少而思維之間的間隙升起，在這些間隙中不再有思想存在。那些間隙是最美的經驗，因爲透過這些間隙，你會開始看到事情本然的樣子，那是他們在還沒有受到頭腦介入前的原貌。

慢慢的，你的心情會開始消失。你不再會非常的喜悅，不再會非常的悲傷。喜悅和悲傷之間的不同開始變少。很快的你會達到一種均衡的狀態，那時你既不是悲傷的也不是喜悅的。那就是喜樂被感覺到的時候。那個寧靜、那個平靜、那個平衡就是喜樂。

再也沒有高峯，再也沒有低谷，再也沒有漆黑的暗晚、也沒有滿月的夜晚，所有的兩極性消失。你開始不偏不倚的座落在正中央。所有這些奇蹟會變得愈來愈深，而後最終當你的身體處在全然的平衡中，你的頭腦絕對的寧靜，而你的心也不再充滿著慾求、一個量子般的跳躍發生在你身上：突然間你變得覺知到那第四個——那個你以前從來覺知到的。而那就是你——那第四個。你可以將它稱作是靈魂、自己、神或是任何你想要稱呼的名字，那視你而定。任何名字都可以，因爲它並沒有它自己的名字。

在那一刻，所有的一切都是光——你內在的眼睛已經打開。只有透過那個內在的眼睛和那個光，人才會變得覺知到存在的眞理，而那個眞理會解放你。

當所有的慾望消失時，你將不會再次回到這個身體，但是你將會繼續作爲永恆的一部分而存在在宇宙意識之中。在東方我們將這稱作是涅槃，意識最終的狀態，那時你再也不需要任何的身體，再也不需要被囚禁起來，我們將它稱作是最終的自由，因爲存在在身體裡是一種枷鎖，這當然會是一種非常受限的事情，而你是沒有極限的，這是在強迫那個沒有極限的進入身體，這當然會造成一種緊張、不舒服，並且一直覺得自己好像綁手綁脚的，一直覺得很擁擠，透不過氣來，受到束縛、綑綁。

一個人也許不會很確切地察覺到這一點，但是每一個人隱隱約約地都感覺到事情有一些不對勁。那就是不對勁的地方：我們是無限的，我們卻試著在透過身體這個非常小的世界在生存。

覺知會讓你從身體解放出來。當你知道你不是你的身體時，那時所有透過身體而能被滿足的慾望也都會消失。這就好像是將光帶進一個黑暗的房間中——黑暗隨即消失。覺知的作用就像光一樣，而所有的慾望其實都只不過是黑暗罷了。

8號

人有生理上的誕生——每一個人都曾經歷過——但是它只會給你一個「身體頭腦」的綜合體。它只是給你一個靈性上再度誕生的機會。除非第二次的誕生發生，否則一個人就是沒有眞正的活過。這只是一個機會，一顆種子，但是這棵種子從未發芽，從未變成一顆樹過。對這顆種子而言，春天從未發生過，沒有花、沒有芬芳。

我的整個努力不在於給你們一種形式化的宗教，不在於給你們一個教會或是一個教條、讓你緊抓著不放，而是要給你們一種新的存在、一種新的人類，一種新的意識。

每個人都必須經過二件事情。第一件事情是死亡，過去的死亡，舊的事物的死亡，你至今爲止一直在活的方式的死亡。而第二件事情就是重生。

全部從新開始，就好像你是今天才出生的一般，這不只是一個隱喩而已，實際的情況的確就是如此，你是今天才誕生的。讓這個感覺深深地浸滲到你的心裡去，好像你可以與過去斷絕。如此一來，黑夜便已結束，而黎明的太陽已經在地平線上升起。

9號

在人類身上有三個能量的源頭。一個是身體、另一個是頭腦、第三個是心。當所有這三線河流交會、相溶、合而爲一時，就會有第四者升起。你無法將第四者稱作是身體，它既不是頭腦也不是心、因此它就只是被稱作「第四者」。而第四者的升起便是一個聖潔的，蛻變的開始，便是眞正的，眞實的生命、一個屬於永恆的生命，神聖的生命的開始。

這三條流存在在每個人身上，但它們卻顯少相會。事實上，他們走在不同的方向上。頭腦往一邊走，心往另一邊走，而身體也有他自己的方式，他們從未彼此一致過。

如果你注意去看你內在的工作情形，那時你會大吃一驚：他們從未彼此步調一致過。身體會說：「停，不要再吃了，我覺得太飽了。」但是頭腦會說：「這個冰淇琳實在是太好吃了——只要再一點就好了……」當心在說：「這眞是太美好了。」頭腦卻說：「你是個白癡、你就是太蠢了，你已經瘋了。」每當心掉入愛河中時，頭腦就會說：「愛情是盲目的。」每當心走到任何方向時，頭腦總在挑毛病。它們活在不同的世界裡。

靜心的整個過程就是要幫助所有這些互相衝突的能量相會，融合，變得彼此和諧一致。那時你將會充滿著能量，因爲所有那些被浪費在不必要的衝突中的能量現在可以爲你所用了。而這是那個能量，它會變成翅膀，帶你飛向那超越的。

10號

俗諺說：「種瓜得瓜、種豆得豆。」如果我們是痛苦不堪的，那不過意味著我們過去一直在種痛苦的種子。沒有其他人在爲你創造出痛苦。當然，在撒種和收成之間是會有一個間隔時間，我們因爲那段間隔時間而以爲是別人要負責。那個間隔欺騙了我們。

爲你的人生負起全部的責任。如果它是醜陋的，要感到你必須爲此負責。如果它除了痛苦的煎熬之外，別無其它，你也必須爲此負責。開始時，要接受說：「我是導致我自己地獄的原因所在。」是很困難的，但這只是在一開始。它很快就會打開蛻變之門，因爲如果是我要爲我的地獄負責的話，那麼我也可以創造我自己的天堂。如果我已經爲我自己創造出那麼多痛苦煎熬的話，那麼我也可以創造出等量的狂喜。責任會帶來自由，責任會帶來創造力。

當你看到無論你是什麼樣子，那都是你自己創造出來的時候，你就會從所有外界的原因和環境解脫而出，你是自由的，現在一切都操之在你，你可以唱一首優美的歌、你可以跳一支優美的舞、你可以活在一個慶祝的人生，你的生活可以是一個持續不斷的宴樂。沒有人可以打擾到你。這是人類的尊貴之處。神無比的尊重每個個體，而人只有在當他對他自己也是爲他自己負起整個責任時才會變成一個個體。

11號

眞理意味著去經驗、去體驗。眞理從不是一個相信。相信永遠都是謊言。它們可以讓你的人生變得比較容易、方便一點，如此而已。他們就像是鎮定劑一樣。而眞理是一種覺醒。人類需要的是覺醒，而不是讓他們熟睡的鎭定劑。但是幾世紀以來，人類一直被酒精、被各種會產生幻覺的毒品所吸引，人類從吠陀經的時代到現在爲止一直都沉迷此道。而所有這些酒精、迷藥、毒品……，都只是要逃避眞理、逃避現實的努力。而逃避眞理就是處在痛苦之中。

是的，我們是可以讓被痛苦所圍繞的生命變得比較舒服一點，但這是很愚蠢的作法。我們原可以有一個絕對喜樂的生命，但那只有如果我們將謊言丟掉，而去探究眞理時才會有可能。而探究眞理的第一個條件就是不能攜帶任何的成見，要在絕對的無知之中，你像孩子般不知道任何事情地去走。

每當有一個人處在一種不知道的狀態在前進時，他必定會知道眞理。而眞理會帶來喜樂。我的整個努力是要將你推進探問之中，因爲是探問，眞正的探問會帶一個人來到眞理面前，來到對眞理的領悟之中。那時喜樂就是你的了，祝福就是你的了。

12號

人做爲一個自我的存在是一種創傷——他是生病的、他是不健康的。自我會不斷地感到受到傷害、痛苦、煎熬、緊張、焦慮和黑暗。他會覺得自己一無是處。但是我們卻不允許這個痛得這麼嚴重的傷被治好。我們不願將這個傷口打開來面對太陽、面對雨、面對風，我們將它隱藏起來，我們害怕去暴露它，我們在害怕也許會有某個人知道我們的創傷。

而且因爲我們將它隱藏起來，所以它一直都沒被治療好。我們將它藏在一層又一層的僞裝之下，它像一個癌症般、一直在擴散得愈來愈大。它變得愈大，妳就愈要去隱藏它，而後慢慢的，你的整個生命變成只是一個黑洞。

那就是人們的樣子，只是黑洞罷了。他們要爲這整件事情負責，這個地獄是他們自己創造出來的。神永遠都準備好要治療你，整體永遠都準備好要治療你。但是我們必須先將自己暴露出來。人必須赤裸地站在存在面前，完全赤裸，沒有祕密、沒有隱藏、那時治療會立刻發生。當它首次發生時，一個人會無法相信說這整個創傷居然會蒸發得這麼快。就好像它根本從未存在過似的，就好像這只是一場夢，一場惡夢一樣。事實上，它的確是如此，它的確是一場夢、一場惡夢。治療永遠都是存在做的事情，但是你必須允許它，你必須指出你的傷口，指出是那裡在痛。你不會瞞騙醫生，無論這是什麼病，無論它看起來有多難看，你都必須告訴他。唯有如此他才能幫你把膿拿掉，唯有如此他才能夠治療你。

13號

創造出品性會使一個人變得虛僞，而且分裂。他會變成二個人，因爲創造品性的方法本身就是要去壓抑——除此之外別無它法。你必須去壓抑你的本性，而且你必須根據別人決定出來的某些規則去演戲。他們告訴你什麼是對的，以及什麼是錯的。什麼是好的、以及什麼是壞的。他們已經給你十誡了，於是你必須去遵守。如此一來，你又要如何對待你的本性呢？

你壓抑你的本性，你忽略它，對它視而不見。但是本性不可能以這種方式被改變，它會一直從裡面向你嘮叨個不停，強迫你違背你培養出來的品性——因此才會有全部這些僞善、做作、矯飾。非常難得找到一個不是僞君子的宗教人士，而一個眞正具有宗教內涵的人不會是一個僞君子。

僞善意味著你假裝成某種你不是的樣子。你知道自己在僞裝，這會很痛苦，因此才會有悲傷。這整個世界都充滿著悲傷，因爲整個世界都被指示要去創造品性、德性。

我完全就對品性、德性完全沒有樂趣。我不會告訴人們要成爲有德性的人，我告訴人們要成爲有意識的人，去創造出來意識。而那就是靜心的整個目的所在。它是一個去創造意識的方法。它會使你更警覺，更有覺知、當你變得更有覺知時，你的生命就會開始改變。

那時你的作爲和你的本性將會有一種很深的和諧。當作爲和本性相互和諧時，生命就是一個喜悅，就是一個歡舞。

14號

幾世紀以來人類一直都活在謊言之中——美麗的謊言，但全都是謊言。我們一直在相信天堂和地獄的存在，我們一直在信仰神，不朽、靈魂的存在，但這全都是信仰——而信仰就是謊言。你自己不知道任何東西，你自己不知道在你內在是不是眞的有靈魂存在。而這不是一個可以用辯論解決的問題。即使邏輯上證明說你有一個靈魂、那也不會對你生命的品質造成任何不同。或是如果有人證明出靈魂並不存在，那也是不會造成任何不同。

世界上有無神論者，也有有神論者，而他們幾乎全都活在相同的人生中。有些人相信神存在而有些人不相信神存在，但如果你去審視他們的人生的話，那時你將會看到他們之間並沒有什麼不同。

如果你連在你裡面靈魂是不是存在都不知道的話，那麼你還能夠知道其他什麼事情嗎？你又怎麼有辦法知道神、天堂、地獄和所有這些無稽之談呢？你的靈魂是最接近你的東西，你甚至還沒有探索過最接近你的東西！而你居然還在談論什麼在天上的天堂，和某個在地底下的地獄。你根本不知道自己在說些什麼。在教會、廟宇、淸眞寺裡，人們持續不斷地在爭論不休，討論偉大的本題，而卻沒有人在關心最簡單的事情——知道你是誰。

15號

人們活在舒服而方便的謊言之中。他們不想要知道眞理，他們想要慰藉、溫暖舒適的慰藉、因此他們一直緊捉著迷信、傳統、習俗不放，因爲所有那些老舊的事物在市場裡都會有某聲譽、某種口碑。俗諺說：凡是老舊之事物便是黃金。實情並非如此。

老舊的事物只對傻子，對懦夫而言是黃金。

生命每一個片刻都是新的，它從來都不會是老舊的。存在永遠都是在此時此地。它和過去完全無關，也和未來完全無關。當你也是處在此時此刻時，你和存在之間便會有一個相會——而那個交會變成眞理。這個眞理當然會粉碎很多的幻象、粉碎很多的意識型態，它會粉碎很多的觀念，以及所有先前的信念，因爲眞理不可能去配合你，眞理不可能和你對他的想法妥協，你必須準備好去配合眞理。

那就是我所說的對眞理的熱愛，無論眞理將要帶你到哪去，你都準備跟它走。無論有什麼需要被丟棄掉的，你都準備好去丟棄它們。這只有當你熱愛眞理時才可能做得到。愛可以做到任何事情，愛可以犧牲所有的東西。而眞理要求全然的犧牲、全然的承諾。

*16*號

現代人活得如此的匆匆忙忙，以至於他甚至無法安安靜靜地坐下來、甚至無法休息一下。他已經變得沒有辦法休息了。一旦你沒有辦法休息時，你就沒有辦法享受所有那些具有價值的事物。而荒謬的是，我們並不需要這麼擔心任何事情。生命是永恆的。我們一直都在這裡，我們也將永遠都在這裡，我們是不會隨身體腐朽死去的。身體將會改變，頭腦將會改變，但是我們不是這兩者，既不是身體，也不是頭腦。

只有在很深的靜心當中，人才會發掘到這個簡單的事實：我們既不是身體，也不是頭腦，我們是覺知、意識。我們是這整個遊戲的觀照者，一旦你知道那個觀照者時，就是已經品嚐到衆神的瓊漿玉液。那個瓊漿玉液就是煉金匠一直在尋找的。

17號

平常人活得像一個機器人一樣。他一直在做很多事情，但他的人並不在那裡。他會吃東西，他會走路，他會講話、他會聽別人說話——但他的人並不在那裡。他的思緒漫遊到全世界，從外在看來你也許正坐在桌子前吃你的早餐，但內在你也許是在月球上，或是其他可笑的地方。我的意思並不說你一定會是在月球上面……而是說你幾乎可以在任何地方，但是有一件事情是幾乎確定的，那就是你的人並不在桌子前，你心不在焉，你一直在塞東西到嘴吧裡面——但那只是一個機械性的動作罷了。

我們必須解除我們的機械化，必須在每一個動作裡變得比較慢下來。所以你必須成為覺知的，當你在走路時，不要以舊的步伐，舊的速度去走，慢下來，慢到你必須成為警覺的，否則你又會再度回到你以往的速度、而那是你的機械化的習慣。

非常寧靜，非常緩慢、非常平和、優雅地去做每一件事情，好讓每一個動作在覺知當中變成一個深入的靜心。如果我們可以將我們的動作蛻變成靜心的話，如果靜心可以從早到晚遍及我們的生活的話……在你醒來的那一刻，記得第一件事情：起身離開床上，但是要非常警覺地去做。

在一開始的時候，你會忘掉很多次，並且需要一再一再地提醒自己。但是慢慢的，你將會抓到這個訣竅。一旦你已經抓到如何在你的日常生活中成爲覺知的訣竅時，你就是擁有了一把萬能鑰匙。那是生命中最重要的一件事。再也沒有任何事情會比這把萬能鑰匙更重要了。

18號

人類的整個過去一直被憂愁的人所主宰。憂愁的人非常享受主宰別人的樂趣。他們沒有其他的樂子，他們唯一的樂子就是壓迫別人和他們的自由，他們唯一的樂子就是使愈來愈多人不快樂。他們非常嫉妒而且痛恨那些快樂的人，那些能夠歌唱、舞蹈、並且歡欣慶祝的人。

這些憂愁的人已經毀掉人類這麼多無法計數的事物。沒有人曾經像這些人一樣對人類做出這麼多傷害過——這些教皇、道士、和尚、尼姑。所有的宗教的整個神職人員一直在反對人性。

我在此的努力是要去創造出新人類，而新人類只有帶著一個新的視野才會有可能被創造出來，唯有帶著一個新的宗教性的視野才有可能。我教導的是一個屬於愛，歡笑和慶祝的宗教。這是我自己的經驗，當你充滿著喜樂的時候，你便會與存在銜接上。所以我教導的是喜樂，喜樂以及喜樂、別無其他。

19號

記得這兩個詞：一個是地心引力、另外一個是優雅。地心引力是地球的定律，它將東西往下拉。優雅是天堂的定律，它將東西往上拉。科學發現地心引力，而宗教發現優雅。

一般說來，我們被生下來，並活在地心引力定律之下。我們的整個人生是一個往下的拉力。我們的生命從出生開始而由死亡結束。我們以一個充滿著活力朝氣的生命開始，而已一個死的屍體結束。這整個能量是往下流的。

除非人開始往內走，第二個定律——優雅——才有可能發生作用。如果我們維持和身體認同的話，那麼地球的地心引力定律就會散佈開來，使身體成為地球的一部分。當我們開始向內走時——那就靜心的作用——我們變得覺知到不屬於身體的東西。它是在身體裡面，但它不是身體。身體只是一個廟宇，它並不是神明。

一旦你變得覺知到座落在身體內在的神明時，第二個定律就會立刻開始發生作用：

你被往上拉。生命開始變得愈來愈豐富、愈來愈多彩多姿、愈來愈沒有限制、愈來愈完美。它朝向天空移動，它開始變得如同天空般浩瀚廣闊，即使是天空也不是它的極限所在。而這整個祕訣就在於靜心。

*20*號

身體有它的極限在，它被囿限於生和死之間，思維也是一樣。思維和身體並不是分開的。思維是身體內在的面向，身體的內在面是思維、而思維的外在面是身體。語言給我們一個錯誤的想法，以爲這兩者是分開的實體。這並不是一個「身體和思維」的現象，而是「身體思維」。這是一個字詞、一個實體。就好像每一個銅板都會有兩面、每一道牆都會有兩邊一樣，身體思維也是同樣的情形。身體是有限的，思維也是有限的，因此才會有對死亡的恐懼。

身體不可能會害怕，因爲它是無意識的，但是頭腦會害怕。頭腦持續不斷地在顫抖。恐懼說遲早這一切的終止點將會到來。比這更糟糕的問題是，我們至今還未達成任何東西，而生命卻正在流逝，死亡每一刻都更接近、而生命卻正在溜出我們的手掌心之外。因此自然會產生恐懼、焦慮、身心的痛苦煎熬。

人必須慢慢的解開對圍繞在我們身上的身體思維認同。這是可以辨得到的。一直都有人做到。而且每一個人都有能力辨得的。這並不是不可能的事——這的確是很難、但並非是不可能。而且很難也未嘗不是一件好事，因爲這樣會給我們一種挑戰。

21號

反叛所有死氣沉沉、不明智的人事物是最大的冒險，最大的革命。而且這會給你一種屬於靈魂、屬於聰明睿智的敏銳度。事實上，它會在你內在創造出一個整合的個體，只有在那個整合中，喜樂的花朵才會綻放，你也才會開始成長。否則人們幾乎總是心智遲鈍的。

人類在心理上的平均年齡實際上只有十二歲而已。我們活在一個發育成長遲鈍的世界裡。即使是那些七十歲或八十歲的人也只是生理上是年老的，他們雖然年歲已高、但他們在心理上仍然處於某種差不多是十二歲時的階段。

因此你會看到有時候他們會忘了自己的年紀，而開始表現出一些很幼稚的行爲。只要你給他們比平常多一點的威士忌，就可以立刻看到他們表現得像一個愚蠢的小孩子般。威士忌不可能創造出愚蠢，在它的成分中無法創造出這樣的東西。酒只是會暴露出本來就已經在那的東西，這是眞的，它只是會暴露出你的眞相，它不會加任何東西在你身上，它也不可能抹去什麼。它只是會幫助你關掉你對自己的控制、你的壓抑。

只要去罵某個人的話，幾秒鐘以內他就不再是八十歲了，他是十二歲，而且還會大發一頓脾氣。他完全把他的智慧和經驗拋在腦後。

成爲勇敢的，以一種熱情的，強烈的方式成爲勇敢的，帶者全然地勇氣，願意冒一切的險，因爲除非你願意冒一切的險，否則你將無法知道那個隱藏在你的生命中的燦爛光輝。當你冒一切的險時，你的生命才會首次打開來，到達它最大的極限。

22號

除非我們將我們整個的能量都傾注到靜心裡面去，否則它將只會維持是一個夢想，它絕不會變成眞實的存在。靜心需要我們的全然度。我們不能半心半意地去做它，你不能只有偶爾幾晚上做個一個小時或是四十五分鐘。

蛻變只有在當你的身體一天二十四小時的變成一個持續不斷的靜心時才有可能發生。無論你在做什麼——走路時你是在靜心，吃東西時你是在靜心，說話時，聽音樂時你是在靜心……

當我說靜心時，我不過是在意指一種覺知的狀態。無論這個人在做什麼，他都充分地覺知到每一個動作——生理上，心理上和情緒上的狀態——如此一來，靜心就會變成一個持續一天二十四小時的現象。有一天將會有不可思議的奇蹟發生，那個奇蹟就是：這個人會帶著靜心的覺知而入睡。身體會入睡、但是在內在深處的某個地方將會有一股覺知持續著，你覺知到你是沉睡的。這是一個非常矛盾的現象，但是它會發生。在那一天，靜心已經來到它的完成處、靜心已經徹底的被知道了。除非那個發生，否則就仍然算是少了某些東西。只有在這種情況下，人才能夠靜心地進入死亡。如果你無法靜心地入睡，那麼你怎麼可能靜心地進入死亡呢？一個靜心地進入死亡的人絕不會再度被生出來。他變成永恆的宇宙的一部分，他活在永恆，存在之中。他絕不會再度被丟回到身體的囚籠之中。

23號

老人會變得非常的苦澀而尖酸刻薄並不是一個意外。要和老人住在一起非常的難，即使如果他們是你自己的父母親也是一樣。而這個原因出在於他們的整個人生已經流逝了。他們對此非常的難以接受。他們跳到每一件事情上面，將他們的負面情緒丟出去。

他們無法忍受孩子們快快樂樂的，跳舞、歌唱、開心的大喊大叫——他們對此無法忍受。

事實上他們不過是對這整件叫做人生的東西無法忍受。因此他們一直在找各種藉口，各樣的理由去抱怨……非常難找到一個不尖酸刻薄的老人。如果有任何老人不是如此的話，那就意味著他曾經眞正漂亮地活過，他是眞正成熟的人。那樣的老人會有年輕人所無法擁有、無與倫比的美。他有某種的成熟、穩重、他曾經看過這麼多，並且經歷過這麼，他對存在感到無比的感激。

但是非常難找到那種老人家，因爲那意味著他是一個佛陀，一個基督、一個克里虛那。只有一個開悟的人在形將就木時會毫無怨地接受——因爲死亡正在來臨、而生命已經走了，這時再有什麼會讓他覺得高興的？他只會感到憤怒不已。苦澀只是一種無知的狀態。你必須去超越它，你必須去學習覺知，覺知會變成一座帶你到那超越的橋樑。而那個超越就是革命。當你的越過所有的抱怨，所有的「不」時，將會有一個無予倫比的「是」升起，將會有無與倫比的飄散。那些變成苦澀的能量會變成芬芳。

*24*號

進化是一個無意識的現象。它是一個自然的現象。科學家說人類是以一隻魚的型態被生在海裡面。在魚和作爲萬物之靈的人類之間已經經過百萬年了。人類必須穿越過所有動物的階段。在人類之前的最後一個階段是猴子或是猩猩這類的動物。

所有這些進化全都是無意識地發生，並沒有任何人爲，刻意的努力在內。但是自從人類變成人類後，那個進化的過程似乎已經停止了。它似乎已經來到它的頂點了，因爲人類做爲人類已經幾千年了，而卻沒有進一步的成長發生。這顯示出一件事，就是自然已經做完所有它可以做的事情了，現在我們必須自己過來接手繼續下去。我們必須從進化演進成革命。

進化意味的是無意識的行爲，而革命則是有意識的行爲。進化也是成長，但是因爲它是無意識的行爲，所以它需要花費百萬年的時間。革命也是一種成長，但是因爲它是有意識的行爲，它像是一個不連續的量子跳躍，像是從懸崖身一躍。它不是漸進式的，你不是慢慢地，一步接著一步地去走。這全都視你而定，看你有多少的勇氣。即使單只是一步，也可以讓你從人蛻變成一個神、一個佛、一個基督。這全都視你的強烈度，你的承諾、投入，你的全然性而定。

人類再也不可能有任何自然成長的可能了，除非他決定有意識地，有心的、有目的地去成長，否則他將會維持不變。那就是成爲門徒的意思，這是一個要去成長的有意識的決定。那就是革命的開始，超越過進化，並且在你的生命中開始一個內在的革命。

25號

在一個比較好的人類的社會中，我們將會告訴每一個孩子：「你擁有愛、喜樂、眞理的種子，但是它們是種子，你的整個生命必須成爲一個無比的努力，去種這顆種子，去學習成長的藝術，耐心等待種子發芽、接著要去照顧樹木，而且還要帶著一顆祈禱的心等待適當的季節來臨、等待花朵綻放。」

那就是我們正在這裡做的事情。這是一個內在的耕耘、內在的園藝、內在的農作的實驗。但是我們首先必定會受到很大的震驚，因爲我們至今爲止一直算是白活了，而且我們一直從錯誤的觀念出發在做所有的事情。現在我們必須既往不咎，就讓整個過去只是被放在一邊。

從零開始。就好像你是今天才出生的一般，而現在你必須從頭開始去活。忘掉過去，不要繼續攜帶過去。它不會給過你任何東西。它一直是悲劇一場——你並不需要繼續背負著這個重擔。免於它的綑綁，變成自由的，好讓你可以從新實驗。

26號

每一個人生而都是盲目的，每一個人都有這個能力成爲不盲目的。每一個人生而都是盲目的，因爲我們在出生時注定會是無意識的，沒有覺知的。只有透過生命和他的經歷，好和壞，痛苦和喜樂，這個人才會慢慢的覺醒。只有透過一個豐富的人生——當我說豐富時指的是一個曾經全然地經歷過，享受過的生命。一個曾經經歷過深厚的生命的人將會變得有能力打開他的眼睛。

在那一刻，這個人將會經歷過一個激進的蛻變。那時生命將會不再一樣。

27號

當你的眼睛關閉時，一切全都是黑暗的。當你的眼睛打開的時候，生命全都是色彩，全都是光。神是當你的眼睛打開的時候所經驗到的存在。那些否定神存在的人不過說明了他們是盲目的。他們不只是盲目，而且還是冥頑不靈。他們堅稱自己不是盲目的，因此他們會說神並不存在。

如果有個人一直把自己的眼睛閉起來的話，太陽也許在天空中大放光芒，但你仍將活在黑暗之中，只要用一小塊眼罩蒙在你的眼睛前面就足以阻擋你看到眞理。

生活是最偉大的導師。它會讓每一個人作好準備，以面對從黑暗到光明的最終極跳躍。

28號

當我們覺醒時，所有的苦難和所有的痛苦看起來將會變得如此的荒謬可笑。如此的愚蠢之至，以至於這個人將會感到疑惑：「我怎麼會受苦呢？受的是什麼苦？我已經受苦多久了？——而那些其實全都是假的。它們並沒有什麼實質的存在性，它們只是一個想法、一場自編自導的夢罷了。」

因此神祕家將我們的世界稱作是馬亞、幻象，受苦是一種幻象，喜樂才是我們眞實的本性，記得這一點，一再、一再又一再地記得。

29號

人類可以以三種方式存在：像一隻動物、像一個人或是像一個神。平常人活得像動物一樣，不會有太大的差別。唯一的差別只在於人比起其他動物來說算是一種比較糟糕的動物。他落得比其他的動物都更低等。他比較狡猾、比較腐敗。他錯用了他的能力。他變得具毀滅性而非創造性……

人作爲一隻動物而誕生。非常少人變成人類。人類的存在只是名義上的，他還沒有到達那個存在的狀態。只有那些做出抉擇，那些對他們的命運具有堅絕主張，那些具有方向感，具創造性，那些持續不斷地在發現，探索存在和成長的新方式的人，那些不滿足於純粹的動物性本能，而想要對他們的生活方式變得明智的人，他們才是人類，才是萬物之靈。

30號

人活得非常機械化，就好像一個夢遊症患者一樣。他一直在做事情，但只是像一個機器人一樣地在做。如果你開始注意去看自己的動作，那麼你將會訝異於你每天一直在犯同樣的錯誤。而且你曾經決定過很多次，不再去犯同樣的錯誤，但是那些決定根本是無意義的。當同樣的情形再度發生時，你會立刻用同樣老舊的模式再做一次，當事情到來時，你不知道怎麼樣反應。

這兩個方式之間的不同是非常重要的。再做一次意味的是機械化、無意識，而反應意味的是非機械化，有意識。反應意味的是根據情況去做出行動、而再做一次意味的是根據舊的模式去行動。再做一次意味的是跟隨現成的答案，跟隨一個內置的程式，被過去所主宰和引導——那是再做一次。而活在當下這個片刻之中，沒有從過去來的干擾則是反應。

31號

在動物和人類之間唯一的不同點是動物是絕對地無意識，而人類則是有一點點的意識。而人類和聖人之間的不同點是聖人是絕對地有意識的。人存在於這兩者之間：動物的絕對的無意識和諸佛、神的絕對的有意識之間。一個人可以向下移動，掉回到黑暗之中，也可以開始向上爬。

十二月

人類不盡然要在地球上摸索著前進、爬行

1號

身體是由黑暗所組成的，而靈魂則是由光所組成。而在這黑暗和光交會的地方就是思維的領域。所以思維具有一點點的光和一點點黑暗，人的頭腦總因此而是處在緊張的狀態中，因爲它被兩股相反方向的力量所拉扯。

身體會將思維朝它自己的方向拉、而靈魂也會將思維朝它自己的方向拉。而且兩者幾乎是同樣的拉力，所以人的頭腦會一直被懸吊在中間地帶。它有的時候會選擇身體、有的時候會選擇靈魂。但是無論選擇什麼、它總是會覺得這是錯誤的決定，因爲另外一邊被棄置不顧，它會有一種好像少了些什麼的感覺。

頭腦持續不斷的活在選擇之中。而每一個選擇都只是其中一半做出來的，而另外一半將會等機會報仇。因此頭總是非常的焦慮、不安、痛苦……

思維不可能變成身體或是靈魂的一部分。人必須跳脫出他的思維之外，才能免於緊張、焦慮。除非一個人超越思維、跳出思維之外，否則他不會平靜。

不可能會有平靜的頭腦這回事。人們談論如何達到平靜的頭腦——那完全是無稽之談。思維意味著不平靜，沒有思維意味著平靜。所以正確的說法應該是沒有思維的平靜——那時你歸於你眞正的本性的中心。

2號

頭腦非常是詭辯的。它一直在爭辯、爭辯……永無休止。它會讓你忙著思考、却從不給你任何的結論。它是沒有結論的——它的本質就是如此。那就是爲什麼哲學家一直都無法給人類任何的結論。幾千年來，哲學一直都是一個完全徒勞而無益的頭腦體操，然而卻有數千個最才華橫溢的人一直在忙於這個愚蠢的工作。

頭腦喜歡爭辯、但從不會達成任何的結論。心從不爭辯，但它知道結論，它就是知道這是生命的奧祕之一。頭腦是非常吵鬧的，但所有的吵鬧都是沒有用的。而心是寧靜的，但卻傳達出美與善。

從頭移到心，從爭辯移到不爭辯，那時生命會突然變成一個新的現象，充滿著意義、價值、美和芬芳、充滿著光明和愛。所有這些特質合併在一起便是神性的意義。

3號

思想像是黑暗一樣，它的樣看起來就和黑暗一樣。黑暗看起來顯得如此的眞實，但是只要你將光帶進來，它就不再在那了。它是一種非常表面的、非常虛幻的現象。

那就是爲什麼你無法直接對黑暗做什麼的原因所在：你無法將它丟出去，也無法將它帶進來。要直接對黑暗做什麼事情是絕對不可能的，因爲基本上它根本就不存在、它沒有重量——它只是光的不在。所以當你將光帶進來時，因爲它的在、那個不在就會消失不見。

關於思維也是同樣的情形：思維的存在是靜心的不在。當你進入靜心的時後，思維就會像黑暗一樣的消失不見。惟有那時一個人才會知道他過去一直活在非常虛幻的世界裡。我們活在思維的世界裡。眞實的世界距離我們非常地遙遠，思維介於我們和眞實的世界之間，而它一直在扭曲、詮釋、並且將它自己的影像投映在眞實的世界上。它從不允許你看到實相，它甚至不允許你看到你自己。它變得如許地重要，以至於你一直將焦點放在它上面，以至於內在和外在這兩個眞實的世界都消失了。那個不眞實的、思維的世界變成你的整個生命，它主宰了你。你透過思維在活，你以思維在活。

那就是唯一的問題。活在某種虛幻的世界中便可以說是白活了。這樣的生命將不會有成長，不會有豐富性、不會有成熟性、一不會有了解，不會有喜樂、不會有眞理、不會有美。

4號

只有一顆充滿著愛的心才能夠觸碰到存在的心。頭腦是非常表面而淺薄的，它對高度和深度一無所知。頭腦是很駑純的，它永遠都是平庸的。它無法給你對實相的洞見。關於這個，需要的是你的心——愛不是什麼、而是心的低誦吟唱。

允許心去唱它自己的歌。既使如果頭腦譴責它，也不要去管頭腦在說什麼。頭腦會苛責心，頭腦會說：「這是不合理的。」例如說當外在的環境說你要成爲嚴肅的，而你卻開始唱歌時，頭腦便會說：「這是不對的；你應該要嚴肅，應該要先天下之憂而憂、後天下之樂而樂。」

讓你的心唱歌、跳舞、歡欣慶祝。頭腦這隻惡犬會一直吠叫、對你說：「這是不合理的，這是不道德，不被人們接受的。」它會苛責你內在所有的詩，它會苛責你內在所有的愛。它會用盡所有的方法將你從心拉出來，因為它的整個權力正危在旦夕。但是不要聽頭腦的話：只要繼續去歡唱、繼續去跳舞、慶祝。有一天你將會驚呀：這隻狗再也沒有在叫了，它們已經遠遠地被拋在腦後了。當它發生的時候，便是一種偉大的祝福。那時花朵開始灑落在你身上，那時整個存在開始將各式各樣的喜悅傾倒在你身上。你與整體連結一起，你已經變成一個看得到實相的人，愛使人看到實相，它會賦予人眼睛去看。

5號

不斷在抱怨的頭腦從來都不會具有宗教內涵。對一個不斷在抱怨的頭腦而言，要具有宗教內涵是不可能的事，因為抱怨的頭腦從未覺知到一個非常基本的眞相：那就是存在愛你，它關心你，你正被風、被雨、被月亮的情誼所包圍著。無論發生過什麼事……這些事對你而言也許看起來像是一種詛咒，但它們從來都不是一個詛咒、它們永遠都是一種祝福。它們也許在一開始時看起來像是一種詛咒，是因為我們的眼光非常狹隘，我們的目光如畫。我們看不到整件事情的來龍去脈、我們看不到它所有的前因後果，我們看不到一個接著一個發生的事件之間的連續性，否則我們永遠會感到感激、感到喜樂。

即使是在死亡之中，一個了解的人也會在其中找到對存在無比的感謝，因爲對他而言死亡會是一種休息。對他而言，死亡並不是生命的終止，而是一個比這大得多的生命的開始。這一生只是一個眞正的生命開始前的預演——它還不是眞的。

對那些了解的人而言，眞正的戲碼在死亡之後才算會開始。但對那些不了解的人而言，他們會將這個預演當作是眞的，等到預演結束的時候，他們會哭泣，他們會執著，不想要離開舞台。

如果你了解的話，那麼每一件事情都是一種祝福。

6號

靜心不過意味著變成空的，免於頭腦所有的內容物：記憶、想像、思想、慾望、期望、投射、情緒。人必須將自己存在的所有的內容物掏空。生命中最偉大的日子是當你再也找不到任何東西可以丟出去的那一天——而只有純粹的空。在那個空性中，你找到你純粹的意識。那個空性只有對你的頭腦而言才是空虛，否則它其實是滿溢，過於充滿的。它充滿著存在——它是空的頭腦，但是充滿的意識。所以不要害怕「空」這個字，它並不是負面的。它只是在幫你減去那些沒有用的東西，那些你只是出於過去的習慣而攜帶的東西，那些對你不會有所幫助、而只會阻礙你的東西，那些只是重得像山一樣、沒有必要的負擔。一旦那些東西被移開後，你就會免於所有的界限，你變成自由的，變得如同天空般的無限廣濶。那個體驗就是體驗到神、或是佛性、或是任何你喜歡使用的字眼都可以。你可以將它稱作達摩、稱作道、稱作眞理、稱作涅槃——它們全都意指同樣一件事。

7號

如果人要與存在融合，他需要的是一顆純粹的心。當頭腦不再在你內在主宰一切時，心就會變得純淨。當頭腦大權在握時，心就會變得不純淨。因爲頭腦會覆蓋在心上面、就好像灰塵會覆蓋在鏡子上一般。頭腦不過就是思想的灰塵。每一個思想都不過是灰塵罷了。一個人必須去清理掉所有的思想，那時自然會達到心的純淨。

純淨和道德一點關係也沒有。當然，一個純淨的心是有道德的，但是一個道德家卻不需要是純淨的。道德家仍然是活在頭腦的世界裡，他的道德律仍然是一種頭腦的掌控、宰治。它不知道什麼是純淨，因爲它不知道什麼是天眞。因此記住，道德律不會引導你走向純淨。要反過來才對。純淨當然會引導你走向道德，但是，是純淨先來、然後道德才會跟隨而來。

8號

我們眞正的本性是我們最內在的核心部分，它並不存在於外在。一個人並不需要走到任何地方，他只是必須回家。這不是一個從此地走到他方的旅程，相反的，這是一個從他方回到此地的旅程。我們已經是處在他方了，而我們必須處在此地。我們總是處在彼時，而我們必須處在此時。

所以每當你的思維開始走向某個地方時，將它帶回到此地。當它開始走向未來時，走向過去時，將它帶回此時。記得這兩個字：此時和此地。慢慢地，一個人會開始活在此時此地。而那就是我們與存在邂逅的唯一方式，因爲它永遠都處在此時此地，但我們從未處在此時此地。當我們也是處在此時此地時，邂逅自然會發生，它是注定會發生的。

9號

心理學家最近發現到，關心對任何種類的成長——不管是外在的或是內在的——而言都是最重要的因素之一。孩子需要母親的奶水，但是比這更重要的是他需要母親的關心。如果母親只有供給他身體的營養而沒有其他的照顧的話，如果孩子感到被忽略，不被重視時，他的成長將會停止。他會對自己會失去信任感，他會失去自信心，他會失去生存的意願。他會開始覺得自己是沒用的，他是不被需要的。被需要是人最大的需要。沒有它，沒有這個安適的氛圍，就不可能會有任何的成長。

同樣的情形也發生在內在的世界：如果我們的內在一直像是一片荒漠的話，那麼錯在我們自己。因爲我們沒有去照顧它，我們對它不聞不問……而重點在於關心：要對你自己的中心付出一些關心。每當你有時間的時候，閉上眼睛，將整個世界完全拋在腦後。將你所有的關心、照顧、以及愛灑落在自己的中心，很快地、你就會看到一朵朵的花冒出來。這算是一種農耕、一種園藝，而且這會爲你帶來無比的喜悅，因爲當你看到意識的花朵時，你才會知道生命沒有被你搓陀浪費掉，你沒有錯失這個機會、你善加利用自己的生命。

10號

生命最終極的經驗是一個矛盾的體驗——寧靜之聲。這在邏輯上是不成立的：東西若不是會發出聲音的，就是寧靜的——不可能會兩個情形同時發生。但是那些知道的人全都異口同聲說這是寧靜之聲，這是單手的掌聲，所有那些知道的人都異口同聲說這是最終的實相的一個非常矛盾的本質，因爲它包容了對立的兩極，它是白天與星夜同時發生，它是生與死的結合。邏輯造成分隔，而體驗則會去統一。邏輯創造出對立，而體驗則會使你覺知到根本就沒有對立存在，完全沒有。所有的對立其實都只是互補。

*11*號

眞理的定義是，那些能夠持續到永恆的就是眞理，那無法持續到永恆的就只是一個事實，而不是一個眞理。而事實和虛構、想像之間其實並沒有多大的差別。那些現在是一個事實的事情、也許在一分鐘以前還只是一個虛構物，也許在下一分鐘就會變成事實了。

想像出來的虛構物不是眞理，事實也不是眞理。那就是爲什麼在東方我們從來沒有費事去研究歷史過——因爲歷史是由事實所組成的。而西方是非常事實傾向的文化。

西方的頭腦活在時間的意識之中，而東方的走向則是朝著沒有時間的方向走。因此東方對眞理的定義是，那些超越時間的才是眞理。除非你超越過時間，否則你便會對眞理一無所知。在時間的向度中，你只是在看一部放映在銀幕上的影片——這部影片也許很美，你的目光一時間被它吸引住了，但是在內心深處知道這只是一個虛構出來的想像物。當結尾到來，銀幕上一片空白，而後你才會突然領悟到在這整部戲的時間裡，只有銀幕是眞的，影片只是一個投射物。

事實所組成的世界共是一部影片、一個投射物，而實相則是銀幕，但是這個銀幕是隱藏在投射物之後的，神是那個銀幕，而這個世界只是一部移動在那個神聖的銀幕之上的影片。人要如何才能夠穿透過那個現在存在，而且永遠都會存在，而過去也一直都存在的實相呢？方法就是我們在東方發現到的靜心。靜心不過意味著丟棄掉所有的虛構想像和事實，將屬於虛構、想像和事實的頭腦清理乾淨，以致只有銀幕繼續存在。這個意識的銀幕是純粹、清明、素淨而潔白的，沒有任何東西在上面移動，所有的移動都已經消失了，因爲所有的移動都存在於時間的向度裡。

時間已然停止，時鐘已然停止。突然間你被轉換到另外一個世界，一個超驗的世界。那就是眞理的世界。知道它就是知道所有的一切，知道它就是成爲它了，因爲那時知者和被知者再也不是分開的，那時知者就是被知者，看者就是被看者，觀察者就是被觀察者。那就是最終的經驗，它會解放你，將你從所有頭腦的幻象，和所有這個世界的庸俗事實中解放出來。

12號

實相是矛盾的，它包含了所有相反的兩極在內。如果你以正確的視角去看的話，你不會認爲它們是相反的兩極，它們會開始看起來像互補物。因此矛盾其實只是來自於比較低的思考的世界。

當你達到沒有思考的巔峯時，就不會有矛盾存在，突然間你看到所有對立兩極的統一。白天和黑夜，生和死，夏天和冬天交會並合而爲一——再也沒有什麼不同。

非常難用理智去了解這個現象，因爲它們在理智上是相反的，理智無法想像得出來它們可以同時發生。但那就是理智的極限所在。

當物理學家首度發現到最終的粒子——電子——是所有的物質的組成物時，這是非常矛盾的運動方式，他們頓時不知所措，不知道要如何去描述它：它的運動方式像是一個粒子、但同時也是一個波。一個粒子純粹意味著一個小圓點，它不可能同時是一條線狀的波，線意味的是很多的小點，單一的點並不構成一條線。波是一條線。

多年以來，科學家對於要如何去描述這個現象已經很多重大的爭議，因爲它並不符合平常的邏輯，儘管如此他們還是必須聽從眞相。因爲你又能怎麼樣呢？如果眞相就是以那樣瘋狂的方式在運作的話，我們就必須去描述它運作的方式，必須將我們的邏輯放在一邊，我們的邏輯還沒有重要到那個程度。

他們最後決定說它是這兩者的結合。從那一天起，物理學就變成玄學了。從那一天開始、物理學家已經開始變得像神祕家在講話了。他們必得如此，現在再也不會有一個偉大的物理學家會說神祕家是自相矛盾的，現在他們自己知道，當你遭遇到眞相的時候，矛盾是無可避免的。

13 號

靜心的第一步是頭腦的寧靜、思想的消失。當你開始靜心的時候，必須從觀照思想開始。只是藉著觀照，有一天他們就會消失。接著再去開始第二步：心的寧靜，這是藉由觀照感覺而到來的。這是一個比較微妙的現象，比第一個階段更深入得多，但是觀照的過程則是一樣的。如果一個人在第一個階段成功的話，他也會有辦法在第二個階段成功。接著第二個寧靜就被達成了。當這兩個寧靜都在那時，你將會首度知道觀照者也已經消失，因爲現在再也沒有什麼要去觀照，而且也沒有什要去知道的，知者消失。那是最終的寧靜。頭先的兩個階段是朝向那最終的寧靜步驟，那個寧靜被佛陀稱作是涅槃、而耶穌稱它是神的國度。

*14*號

和一位師父在一起不過意味著和某個已經醒悟，再也不是沈睡中的人，他的夢已經終了，他的惡夢已然結束的人生活在一起。只是藉著與師父處於和諧一致的韻律之中，慢慢地，便會覺醒。因為師父的能量會開始穿透你的存在。它會慢慢地滲入你的心裡去，慢慢地給你一顆新的心，一個新的跳動。你不可能長久的一個師父在一起而沒有覺醒悟過來，因為他會持續不斷地大叫、呼喚你向前走以醒過來，呼喚你向前走出你的墳墓。

如果你可以打開你的眼睛一下下，傾刻間你將會經驗到音樂，歌唱以及舞蹈，而且它一直在增強，一直在朝向高潮移動，朝向一個對平常的頭腦而言是絕對無法想像的高度在走，它超出頭腦所及，遠遠地超出。因此頭腦對它啞口無言，它是無可言喻、無法定義的，對這個世界而言，頭腦帶著它所有的邏輯、語言、文學、帶著它所有的效率顯得如此的相形見短。

在與那超越的邂逅時，頭腦首度感到完全無用武之地。頭腦的無用會在你身上釋放出一股新的能量。那個能量我稱作是歌、舞蹈、狂喜……那是一個王國。只有當你的心充滿著歌，準備好爆炸開來，當能量多到你會想要去跳舞和分享它們時，唯有那時你才會變成一個國王。

每一樣東西都是一份禮物。我們不曾努力去掙得它，我們甚至不值得得到這些東西。看到美麗的夕陽，你曾經深思過這個事情：我值得嗎？聽到遠處布穀鳥的呼喚聲，你曾經想過：我值得嗎？或是當微風吹過松樹林或是河流舞跳著奔向大海，以及滿天的繁星——我們曾經做過什麼去獲得這個美麗的宇宙嗎？我們不曾爲它付出過什麼代價，我們不配得到它們。

出自於這個體驗——我們不配，但它卻已經被給予我們了——才會有宗教意識的升起，感激的升起。人開始對這雙曾經創造出這個美麗的，無與倫比的，優美的令人不敢相信的存在的未知雙手，對這看不見的雙手感到無比的感激。在那個感激中，這個人就是具有宗教內涵——不是藉著成爲一個基督教徒，或是一個印度教徒，或是回教徒，而只是藉著成爲感激的，宗教內涵於焉升起。

16 號

這個宇宙是浩瀚廣濶，無邊無際的，而我們也是一樣，因爲我們是它的一部分。部分不可分割地與整體合而爲一，所以無論整體具有什麼特質，也會是部分有那份特質。

只要記住一個非常小的公式：如果所有的部分都是有限的，那麼它們的總合不可能會是無限的。如果總合是無限的，那麼所有的部分也一定都會是無限的。我們就是無限的存在的一部分。我們也是無限的。

因此才會有東方的先知曾經宣稱過：我是神。曼殊爾（Mansoor）說：我是眞理。這些都是無比重要的宣示。他們是代表整個人類在作出這些宣示。這不是狂妄的自以爲是，他們只是在陳述事實罷了。只要去感覺：你是一個由不知名之處開始、不知名之處結束、無限的宇宙的一部分，你會立刻感覺到輕飄飄的、沒有重量。你渺小的擔心和渺小的問題隨之而棄。它們和你存在的浩瀚廣濶相形之下變得如此的不重要。它們失去所有的意義，就只是變成無關緊要的。

17 號

每一個開悟的人都會對世人感到一種無限的慈悲，並且會盡最大努力去幫助人們。但是這個體驗本身是如此的超越，以至於它無法被表達出來。如果人想要知道的話，那麼他就必須去親身體驗。眞理只會是一個體驗。你的內在充滿著燦爛的繁星、充滿著花、但你絕對不可能有辦法將它傳遞給任何人。別人不可能被教會。但那些警覺的人，他們可以捉到一絲的瞥見。它不可能被教會，但它可以被捉住。

18號

要去表達最終的眞理是不可能的。它就好像是一種滋味。如果你曾經嚐過到那個滋味，你就會知道，如果你不曾嚐過那個滋味，別人也沒有辦法將它轉達給你知道。一個不曾嚐過蜂蜜的滋味的人不可能有辦法知道什麼是甜味，一個從來沒有看過光的人將無法了解任何關於光的事情。一個曾經看過，知道過、並且經驗過的人，甚至他也會發現到幾乎不可能去表達出來什麼是光，因爲語言在此時顯得如此地捉襟見肘。經驗的世界是如此的浩瀚廣濶，而語言是如此的渺小。經驗的世界是如此的神聖，而語言是如此的庸裕，不可能會有任何的銜接處。

因此眞理已經被知道過很多次了，而所有那些曾經知道過的人也會嘗試去表達它，但他們失敗了。我們非常感激他們的嘗試，因爲出自於那份努力、生命亦隨之而充實豐富。

19號

親自去驗是最實在、眞實的、因此我強調體驗而非信仰。不要信仰我所說的話。試著去體驗它。除非你曾經體驗過，否則你要抗拒去信仰的誘惑。這個誘惑會一直在那守候著你，因爲信仰是廉價的。頭腦會說：「探索、追問、探問的意義何在？爲什麼要操這個心？只要信仰就夠了！佛陀知道，耶穌知道、老子知道、查拉圖斯特拉知道，所以又有什麼用呢？如果他們全都是這樣說，那麼事情就一定是這樣了。」但是如果查拉圖斯特拉喝水，他的飢渴是被止息了，但你的飢渴不會。如果查拉圖斯特拉知道了，是他知道，而不是你。

信仰是死的，它是一個句號，你就只是將事情視爲理所當然。某個人說，某個有權威的人說——聖經，可蘭經、吉踏經——而你就只是去信仰這些權威。信仰任何的權威就是在毀掉你自己的聰明睿智。所有的權威對聰明睿智而言都是具摧毀性的。信仰只會有那些他們自己本身不知道的人才會堅信不疑。因爲他們害怕去探詢，他們害怕去懷疑，他們害怕去發問。他們壓抑所有想要發問的意圖，他們譴責所有的懷疑。我尊敬懷疑。

所以對你們而言，我所說的話必須只是一個假設而已。我將會給你們假設，接著你們必須追根究底去探詢。我知道你們將會找到眞理，因爲我透過同樣的探詢而找到眞理。我信任每一個人的聰明睿智，以及每一個人本能的潛力。當你發掘到你與整體是一體的那一天，你就算到家了。那時你會感到自己是受到祝福的，這份祝福多到你會祝福整個宇宙。

*20*號

每一個人誕生時都帶著一個神聖的聲音——雖說我們從未聽到過這個聲音。它是一個非常平靜、微弱的聲音。它是神的聲音。但是我們的腦海裡卻如此地充滿著其他的聲音——父母親、老師、總統……以及其他一千零一種聲音——以至於我們聽不到這個平靜的，微弱的聲音。在我們的腦海裡，所有的這些電台都同時打開，我們的內在是如此的吵雜不安，以至於如果神在你耳邊向你大吼你也不會聽到。而且他也從來不會大吼大叫，他只會輕聲軟語呢喃。愛永遠都會軟語呢喃，因爲大吼大叫有一點暴力。愛知道等待，因此神會等待，愛知道希望，因此神會希望。如果不是今天，就會是明天，有一天你將會聽到。讓你自己變得愈來愈寧靜，愈來愈少噪音，好讓你可以聽到神在你內在的低語。那就是一個新的生命，一個永恆的生命的開始。

21號

生命中最獨一無二的經驗是寧靜的經驗，否則生命是非常吵雜的。外在有噪音，內在也會有噪音，兩者合在一起足以把任何人逼瘋。他們已經把整個世界逼瘋了。人必須去停止他內在的噪音——外在的噪音超出我們的控致之外，而且也沒有必要去停止它——但是我們可以停止內在的噪音。一旦內在的噪音停止，寧靜安定下來時，外在的噪音就再也不會是一個問題了。你可以享受它，你可以置身其中而沒有任何的問題。內在寧靜的經驗是如此的無一無二、無予倫比，相較之下便不會有其它任何的體驗會有太大的價值，因爲出自於這個體驗，所有的體驗才會成長出來。它是整個宗教的廟堂的基石。

沒有寧靜，就不會有眞理，不會有自由，不會有神，有了寧靜，霎時間那些從前不存在的東西現在存在了，而那些從前存在的東西卻已不再——你的視野已經改變，你的眼光已經改變。寧靜使你有能力知道那看不見的、知道那無法知道的。那便是它的獨特之處。

22號

神會對你愛的生命力沒有興趣。它的整個興趣在於你的頭，在於你的邏輯能力，因爲那個東西在市場裡可以被當作是一個商品。神會只想要讓你們成爲有效率的——不是有意義的，而只是有效率的，如一個機器般的有效率。但是機器不會有愛的概念，而且也絕對無法有任何愛的概念。

就頭的功用而言，電腦遲早將會取而代之。頭會做的事情、電腦可以做的更好。但我不認爲會有任何的電腦可以掉入愛情裡面。邏輯是一種機械式的能力——機械可以去做這件事情。在你身上愛眞的是屬於人類的要素之一。但是神會對愛沒有興趣、愛對神會是沒有用處的，因此神會教導每一個人成爲邏輯的，理性的。當你變得愈被頭所占據時，就會愈忘掉你的心。

神是透過心而被知道的，眞理是透過心而被知道的，心是一個我們可以從那裡縱身跳進神的中心點，它變成進入大海的跳板。

人類是永生不死的，事實上根本就沒有死亡這回事。但是要如何透過頭知道這件事呢？那是不可能的事。只有透過心才有可能。因此我會說愛是生命中唯一可以使你覺知到你是永生不死的唯一經驗。一旦你知道沒有死亡存在時，你的生命當然會有一種完全不同的品質——那是屬於詩、舞蹈、歌唱、慶祝的生命。因爲沒有死亡存在，所以人可以大喊：「哈利路亞。」

23號

我在此的努力是要幫助你們的愛變得更多、更大。所有所謂的宗教一直在嘗試恰好相反的事情。他們看到愛創造出痛苦，於是便教導你摒棄愛。我也看到愛創造出痛苦，但是看到那一點後，我教導的是摒棄對愛的限制。讓你的愛變成無限的。

所謂的宗教傳統和我的方式都是從相同的點上出發，但是我們各自走向不同的方向。他們認爲是愛創造出這些困擾，我看不出來是愛在創造出困擾，而是你強加在愛上面的限制在創造出困擾。摒棄愛不是解決方式。摒棄對愛的限制。只要去愛，讓愛成爲一個自發性的，自然流露的現象。

當你讓你的愛從限制中解脫而出時，當你讓愛自由時，你也會變成自由的。當你的愛是自由的，你的存在本身也會是自由的，因爲你的存在是由愛所組成的，你的靈魂是由愛所組成的。

24號

我在此的整個努力是要使你比較宴樂一點，只是要使你比較歡欣慶祝一點，使你覺知到所有整體給予你的禮物，好讓感激可以從你身上升起。人出自於那份感激而將他的歌聲獻給存在。人在單純的感激中而向存在俯身朝拜，將自己呈獻出去，無論他有的是什麼——他的存在中少許的花朵——都獻出去。這些花朵就是我所說的歌：一點點的創造，無論你能夠創造出什麼都無所謂。重要的是那個感覺：「我曾經對這個世界的美、對存在的優雅做出一點點的貢獻，我已經在靈魂的黑夜中多增加多了一點點的光。」這個人因此而感到滿足，無限的心滿意足。他再也不需要更多，不需要其他的宗教了。

創造力就是宗教。創造力就是祈禱。但是創造力只可能出自於靜心。

25號

有很多之所以會被視爲是瘋子的人，僅僅是因爲他們是屬於心的人，因而無法和這個被頭所創造出來的世界溝通。他們唯一的問題在於他們活在一個比這世界上其他的人美好得多的空間中。這就好像是一個有眼睛的人和沒有眼睛的人住在一起一樣，他會不斷地遇到麻煩。沒有人會聽他說的說，沒有人可以了解他，他無可避免地生定會受到被誤解，每一句話每一個字。因此非常少人敢活在心的世界裡。而那樣的人會成爲神祕家，他們已經非常接近了——但是接近意味的是仍然有一點距離在。再多跳一步是需要的，一個量子跳躍，如此一來你就會抵達那無法描述的世界。那是一個既不屬於身體，也不屬於頭腦，也不是屬於心的世界，而你們的整個語言是由屬於身體或是頭腦或是心的文字所組成的。沒有任何文字是爲它而存在的。

26 號

友誼具有某靈性在其中。愛情是生物性的，而友誼是靈性的。而且除非愛情變得像某種類似友誼的東西，否則一個人將因爲它而受苦，他並不是發現喜樂，而是發現愈來愈多痛苦。但是箇中的原因並不在於愛的能量。原因在於你還沒有辦法去粹鍊它，你還不是非常精通這門藝術，你將它視爲理所當然，好像這就是終點一般。這不是終點。

讓你的愛變成友誼，讓你的愛變成祈禱。這是兩種可能性，兩個面向。如果你變的與你所愛的人友善，那時你就會去愛很多人，那時你的愛會散播開來，那時這個圈圈會變得愈來愈大，這是一個面向。

另外一個面向是當作不執地開始去愛所有的人，而且你也允許別人這樣去做時，你的愛便會開始朝向另外一個層面成長——這個層面被稱作是祈禱。

祈禱意味的是去愛整體，愛這整個宇宙，變得與樹、石頭、河流、山和星辰友善。當友誼達到祈禱的天上時，這個人是具有宗教內涵的。

27號

自我必須全然地被丟棄掉。你不必去成爲一個成功的人。無論你需要的是什麼都已經被賦予給你了，情況已然是如此。所有你需要做的就是讓它成長。你的潛力本來就在那了，你只是必須去將障礙物移開。你可以將我稱作是反對正向思考的負向思考。正的思考說將你想要成爲的樣子投映成形、實現它。我會說存在已經將你造成你所是的樣子，你只是需要將障礙物消去。這一直是所有偉大的神祕家，諸佛最古老的教導。我們將這個方法稱作是neti-neti，不斷地去說：「這不是我，這不是我。」一直將每一個東西移開來，直到再也沒有東西被遺留下來。當這個絕對的空無發生時，在那個空無中，蓮花於焉綻放。這是第一次，當你不存在時，才是眞正的存在。去體驗這個矛盾的現象是生命中最偉大的經驗。

28號

眞正的宗教之人是非常土地的，他必定是，否則他將不會有任何的根。因此我教導的是在大地上生根發芽、我教導根植於大地，因爲我知道唯有當我們的根深入大地時，才會有能力高升到雲層之外。花朵將會到來，但是他們只有藉著愈來愈深入大地的根才會到來。

所以對我而言，凡俗和神聖並不是不同的，它們是同樣的硬幣的兩面。因此唱歌、跳舞、愛、創造，歡樂和歡笑與神聖的品質並不是相互違背的。他們是神聖的一部分，是它本然的一部分，而且不是一個小小的部分，正好是它的一半，而且是首要的部分。如果第一部分在那時，第二個部分自然會跟隨而來。它們是不可分割的。但是在過去，第二個部分變得比較重要，不但不只是比較重要，而且是將第一個部分也掏空了。那就是宗教如何死亡的，那就是神在地球上如何死亡的！神變成一顆沒有根的樹。

神可以再度活過來，但是要讓神再度復活的唯一方式就是要讓他在地球上生根——那就是我所說的歡樂、歌唱、慶祝的意思。

29號

蓮花是非常具象徵意義——它生自淤泥——最美的花朵生長自污穢的淤泥。祈禱生長自性慾，靈魂生長自身體，而神性生長自這個世界，這些都只是淤泥罷了。從表面上看來，這是一件不可能的事。如果仔細看看淤泥，你會不敢相信它可以生長出蓮花。如果你仔細看看蓮花，你也會不敢相信它會是出自於污穢的淤泥。但事實就是如此，最低的與最高的是連結在一起的。最高的是在最低的之中，而最低的也是在最高的之中，每一樣東西都是銜接的。生命是一個梯子。這是我最基本的教導之一：沒有什麼東西必須被否定，即使是污穢的淤泥也是如此。每一樣東西都必須被蛻變成爲蓮花。

30號

人若不是活在時間的向度中就是活在永恆的向度中。這兩個選擇都是開放的，因爲根本就沒有命運，運數這回事。人是自由的：他沒有攜帶著命運地來到這個世界上。未來是開放的、永遠都是開放的。它並不是由你出生的時辰決定的——而是由每一個行動決定的。每一個行動都是一個選擇機會，在每一步路中，你都可以改變你生命的方向。

千百萬的人活在時間的向度中，原因很簡單，因爲他們出生在一個對永恆一無所知的群體當中。他們的父母親活在時間的向度中，活在生與死之中，每一個小孩都會開始模仿父母親，那就是孩子的學習方式，也就是他如何被社會制約的方式。每一個人都被告知說時間由三個時態所組成——過去、現在和未來——這是絕對錯誤的觀念。時間只有由過去和未來所組成。由永恆穿透而過現在，現在並不屬於時間的向度，它是超越的。活在現在這一刻中就是擺脫時間的桎梏，處於此時此地，全然的處此時此地就是跳出輪迴之外，而不可思議的事情在於，當你跳出時間之外時，也就是跳出痛苦之外。痛苦是時間的副產品，而喜樂是永恆，沒有時間的副產品。

一個人在任何一刻都可以決定要進入永恆，因爲它永遠都在那裡，永遠都在當下之中。事實上過去和未來從未在那過，但是是我們在緊抓著過去不放，我們緊抓住一個不存在的實體不放。而且我們因爲自己的雙手都在抓著它們，而錯失過那個恰好位在兩者正中央的現在、當下，眞實存在的。我們的雙手都是滿的，一手充滿著過去，另外一隻手充滿著未來。我們存在的一部分充滿著記憶、另外一部分充滿著幻想、夢想，投射、計畫，介於在這兩者之間則的是非常微妙而纖細的一刻。它就像是一朶玫瑰花——被壓壞，被錯過了，靜心不過意味著不錯過它，而是要調整到與它處於同樣的頻率中。慢慢地，放開你的手中的過去和未來，好讓你可以洋溢著現在——那就是蛻變。它會打開通往神性的大門。

31號

生活是唯一的神。一個人必須去生活，而且必須強烈地、熱情地，全心全意，而非不慍不熱地去生活。一個人必須從兩頭去燃燒他生命的火炬，那時即使是單單一個片刻就比整個永恆更有價值。

一個片刻接著一個片刻地去生活，毫無保留地去生活。處於此時此地，好像這是生命的最後一分鐘般。

這就是一個人必須去生活的方式：就如同每一分鐘都必須是最後一分鐘般，何不全心全意地去過你的生命呢？你也許再也無法活到下一個片刻了，所以何不將你所有的一切押在這一刻，爲了這一刻而冒可能失去一切的險，因爲誰知道下一個片刻又將會是怎麼樣的呢？

這才是生活之道！當你再也不去顧慮結果會是如何時，你將會變成一朵蓮花。這朵蓮花必須一再一再地被記住，好讓你可以愈來愈深入此時此地——無所依戀、無所執著，不被外界所動搖。沒有過去，好讓你可以維持沒有負擔。沒有未來，好讓你可以全然地去活。

一旦這發生時，生命就是喜樂——無邊無際的喜樂、無限的、永恆的喜樂。

Literary 02

我等之輩 I, etcetera

Susan Sontag 著　王予霞 譯
25開平裝本
338頁
定價320元

這本收錄了八篇短篇小說的文集，是美國當代知名女作家蘇珊・桑塔格的代表作之一。她以辛辣詭譎的筆調，描述了八個奇特的生活世界，完全出人意表的情節發展讓讀者的心也跟著起伏震動！

《我等之輩》中的八篇故事，反映了一個多面相的想像世界……。
在詭異、辛辣、充滿雙關語的文字中，透露著桑塔格的獨特風格——那無法抵擋的吸引力。—Ann Tyler, The New Republic

所有故事中，活躍的、以文字切割現代人類良知的惡性腫瘤的智慧探索，令人印象深刻。—New York Times Book Review

Literary 03

自己的房間

Virginia Woolf 著　宋偉航 譯

25開平裝本

(即將出版)

女性在文壇上究竟是受到何種待遇呢？其成果又是如何？

在1929年，女性的才華只被允許發揮於掌持家務事上；若是說到寫作，恐怕只會落個刁鑽怪誕之名。

伍爾芙針對「女性與寫作」，說道：女人如果要從事文學創作，就必須有金錢以及屬於自己的房間。她們必須有自主權，可以「去旅行、閒賦度日，思考世界的過去與未來，沈湎於書中，在街上閒晃，並讓思考的脈絡直入潮流。」

她們寫作的主題必須涵蓋各個領域，並善用所知來豐富每個環節；她們的文字要帶出自己的男性層面及女性層面，因爲「唯有當此融合產生時，想法才能完全充實並善盡各功能。」

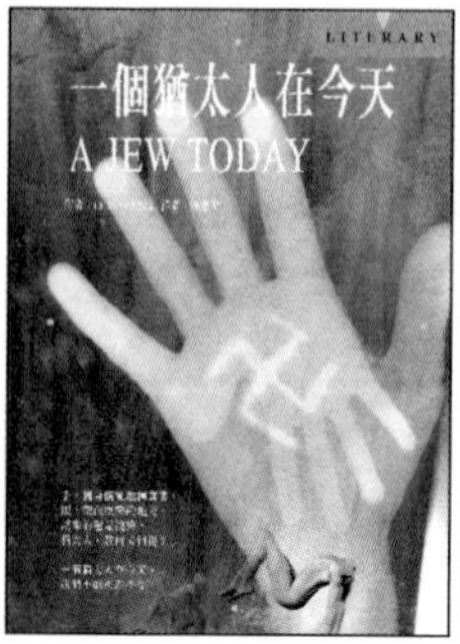

Literary 04

一個猶太人在今天

Elie Wiesel 著　賴惠辛 譯

25開平裝本

(即將出版)

通過身爲猶太人的特殊視角，探討大屠殺發生的原因、對人性的質疑和倖存者的處境，內容包括了猶太復國主義、中東局勢反猶主義的歷史根源與和平主義理想等等議題。

作者在譴責歷史上的一切暴行與殘酷，同時也無情地揭示了人性黑暗面，對所有受難的民族表達深切的同情。最末，作者仍然堅持人類的良知，與重建世界友愛、和平的希望。

Change 03

藝術，其實是個動詞

Eric Booth 著　謝靜如・陳嫻修 譯
25開平裝本
328頁
定價280元

藝術，是一種與深受吸引的事物之間永無止境的心神相通。
它並不是單獨的個體，而是所有元素的延續。我們都是藝術的一部分，運用藝術的技巧，並將之融入生活的活動中。
更不單是生活中的一個小環節，而是一種生活態度，一種可以形而上，也可以形而下的表現。不要將藝術框限在牆上的一幅畫，或是一個表演中，因爲它可以無限延伸，讓你在生活中的每一個片刻都體會藝術的美妙。
而它之所以如此重要，即在於其所提供我們精神上的愉悅及滿足，更在於它有益於創造個人未來的角色扮演。

神祕的和諧

MASTER OSHO 著

林靜婷 譯

心靈探索 21

象牙道林紙　平裝

280 元

你覺得你處於生與死之間嗎？不！兩者都不是。如果你讓自己面對事實，不要執著於生命，也不要害怕生命，如此一來，生與死對你而言是一體的，就好像雙翼般——這就是隱藏的和諧。

因爲懷疑，所以你錯過真理；經由信任，你允許它到達你，你也允許自己到達它。對信任深入靜心，儘量地吸收信任的感覺，傳送出一顆信任的心。最後，信任會回報你所有的一切。而懷疑擇會殺害，它是負向的，無法給予你生命。懷疑是死亡，信任是生命。

是的，自然喜愛隱藏，因爲自然是一個奧祕，它不是一個問題，它是一個有待解答的謎語，它是一個奧祕——它等著你去活出它、享受它、慶祝它。

佛陀法句經（二）

MASTER OSHO 著

張嘉莉 譯

心靈探索 19

象牙道林紙　平裝

280 元

一個充滿著憂慮與不安的心靈，如何能夠了解「道」？人若受擾而憂慮不安，就無法具有真知。

一個無憂無慮的心靈，不再尋覓、不再思辨孰是孰非；一個跳脫出評斷的心靈，就會觀照和了解。

「佛陀法句經」是奧修大師爲了我們芸芸眾生所開的方便法門，仍然採用一貫淺顯、平易近人的方式，點綴詼諧幽默的笑話，企圖營造出充滿歡笑、熱情和愛的氛圍，讓我們能夠看見自己成佛的可能性。只要我們親自體會到自己的存在，就不會在乎別人的肯定或誤解；別人的看法只會反應他們的狀況，絲毫不會影響我們的存在。

早晨的冥想

MASTER OSHO 著

洪誠政 譯

心靈探索 18

象牙道林紙　平裝

384 頁　280 元

本書所提供給你的，不是宗教的教條，也不是信仰的約束；而是一種自由自在融入生活的引領。在每天清晨，澄淨你的頭腦，消弭你的憂慮，藉由奧修人性化的真知灼見，發掘你的內心世界，好好地生活，好好地愛你自己，愛周遭的人，愛這個世界。

拋棄過去的負荷，就好像它根本沒有存在過一樣，總是從頭新鮮地開始，公平地開始。然後，你就會有一個美妙的生命，你將會有一個奇遇般的生命，妳的生命將會有一種狂喜般的特質。

◎《早晨的冥想》與《睡前的冥想》可單獨閱讀，也可配合閱讀。每一天都有一個主題是這兩本書的設計模式，而且早晨與夜晚的主題具有互補性。

精裝本 3

365 天生命都發光

Words To Live By

—Inspiration for Every Day

Eknath Easwaran 著

葉肯昕 譯

25 開精裝本・定價 350 元

本書的設計，就是要讓你在每天一篇的閱讀中，吸取靈性生活中的真知灼見，讓你在每一天的生命中，都感到充滿了光與能量。智慧的分享是不分宗教種族的，無論是佛陀、耶穌、克里虛那，或是聖奧古斯丁、聖泰瑞莎、老子、甘地，都可能是影響你生命觀點的重要人物，他們透徹生命的智慧之語，是我們靈性生活的豐富資產。

我們今日的樣貌，都是由我們過去的思考模式、言論與行為所造就。同樣的道理，你我今日的所思所為，也將是你我明日面貌的前形。假如，我們可以掌握住生命的真理，明日的光明同樣是可預見的。

--EKNATH EASWARAN

無邊無際

MASTER OSHO 著

刁新哲 譯

心靈探索 20

象牙道林紙　平裝

250 元

渴望自由的人得不到自由，而一點也不渴望的人會變得自由。只有在完全的意識中，才有選擇的機會－－只有當一個人完全知道自己的時候；當這樣的時刻來臨，一個人可以說：「對我來說沒有未來，因爲對我來說沒有慾望。我不去抓取就沒有任何東西能造成我不悅。」在這種狀態下，一個人才真正的做了「選擇」，也才真正的「自由」。

如果你能安靜而沈默，那麼除了呼吸之外還剩下什麼呢？如果你能夠保持沈默一下子，你就會了解到無思想的時候。所以佛陀說：「我只不過是一個氣泡。我在哪裡？氣泡已經破了，而你卻在問它到哪裡去了。」

[illegible]於博客來

Sunny

國家圖書館出版品預行編目資料

睡前的冥想/ 奧修大師著；張嘉莉譯.
－－初版.－－臺北市：探索文化，民87
冊；　公分. －－（心靈探索系列；16）

ＩＳＢＮ 957-615-095-7（平裝）

1.印度教－哲學，原理

總經銷:凌域國際股份有限公司
地址:台北縣五股工業區五權三路8號5樓
電話:02-22983838傳真:02-22981498

ISBN 957-615-095-7（平裝）

心靈探索 16

睡前的冥想

作　者／奧修大師
譯　者／張嘉莉
社　長／劉秋鳳
編　輯／王怡丹
校　對／張嘉莉
業務部／蘇宏浩（主任）・徐華谷
出版者／探索出版社
地　址／新店市中正路四維巷二弄三號四樓
電　話／八六六七三九二五
傳　真／八六六七六〇〇四
E-Mail／dos123@ms8.hinet.net
郵撥帳號／一九一七一四九二　探索文化事業有限公司
登記證／行政院新聞局局版臺業字第六四三〇號
排　版／葦懋印刷有限公司
初　版／中華民國九十年十月
定　價／二五〇元

探索叢書第三百六十本

Originally published as *A Must for Contemplation Before Sleep*
Published by arrangement with Osho International Foundation, Bahnhofstr. 52, 8001 Zurich, Switzerland

"With permission of Osho International Foundation"

請依此虛線撕下

231

新店市中正路四維巷二弄三號四樓

探索出版社　啓

請依實線對摺後裝訂寄回・謝謝！

請依此虛線撕下

探索文化書友卡

謝謝您購買本書，這是本公司出版的「探索文化系列」之一，為了使往後的出書更臻完善，並加強對讀者的服務，請您詳塡本卡各欄，投入郵筒，寄回給我們（免貼郵票，我們將隨時為您提供最新的出版訊息。）

書友姓名：________________

您的個人資料：

性別：□男　□女　年齡：__________

職業：□製造業　□銷售業　□資訊業　□大衆傳播業　□服務業　□交通業　□貿易　□廣告業　□醫護人口　□建築業　□自由業　□軍警　□公　□教　□學生　□家庭主婦　□其他__________

地址：________________________________

____

電話：________________________________

您購買的書籍名稱：________________

購買本書的方式：

□__________市（縣）__________書店　□劃撥　□贈送

□展覽、演講活動，名稱__________□其他__________

您從何處得知本書消息？

□逛書店　□報紙廣告　□報紙、雜誌介紹　□親友推薦

□廣告信函　□廣播節目　□其他__________

您對本書的建議是：________________

____

您是否曾購買本系列的其他書籍？

□是　□書名：________________

____

□否

塡寫日期：________________